U0899227

魔鬼约会学

阮琦
著

「完整
升级版」

北京联合出版公司
Beijing United Publishing Co.,Ltd.

图书在版编目（CIP）数据

魔鬼约会学 / 阮琦著. —北京：北京联合出版公司，2018.12

ISBN 978-7-5596-2784-1

Ⅰ. ①魔… Ⅱ. ①阮… Ⅲ. ①心理交往—通俗读物 Ⅳ. ①C912.1-49

中国版本图书馆CIP数据核字（2018）第262165号

魔鬼约会学

作　　者：阮　琦
责任编辑：昝亚会　夏应鹏
版式设计：刘龄蔓

北京联合出版公司出版
（北京市西城区德外大街83号楼9层　100088）
三河市文通印刷包装有限公司印刷　新华书店经销
字数：150千字　880毫米×1230毫米　1/32　印张：8.5
2018年12月第1版　2018年12月第1次印刷
ISBN 978-7-5596-2784-1
定价：45.00元

再版序

先说一个故事，我们北大一九八八级毕业生有个 500 人的大群，有一阵子，群里搞了个活动，由每个系派出一位代表在微信群里给大家做一次跟自己专业相关的讲座。轮到心理系值周时，我自告奋勇出场了，讲座的主题是“那些年我们错过的女孩”。我打算通过回顾同学们当年失败的校园恋爱，说一说男女思维差异对两性关系的影响。

讲座顺利完成，但恰如其内容主题——男女思维差异，大家对讲座的兴趣也呈现出鲜明的对照：男同学们基本都没来听，倒是女同学们表现出极大的热情，甚至有些女同学是带着自己十几岁的孩子一起从头到尾听了讲座。

来自女生的反馈是：“这个讲座太好了，如果能早点儿就懂这些道理，自己在恋爱时就会少做很多傻事。如果男生们当年都按阮老师的方法来追我们，估计现在孩子爸也不是现在的孩子爸了。”

我理解女生们的热情，这就是女性思维“关注过去”的特点。我更理解男生们的漠然，因为男人是“关注结果”的动物。

对于男人而言，年少时因为荷尔蒙的冲动，对女神可以魂牵梦绕、夜不能寐，但随着年龄的增长、社会化的加深，男性会越来越相信金钱和权力——成功了，该有的自然就会有；不成功，想再多也是白搭。

说实话，我没法反驳这种观念，一定意义上也许这就是现实。但同时，我也观察到另外一些事实，就拿我们这个500人的群来说，里面的同学基本都算得上事业有成，但是单身和离异的依然有一大批。从建群到现在的几年时间里，群里明着暗着已经成了好几对，我经常怀疑自己是不是进了个夕阳红交友群……甚至，偶尔还会有女生偷偷跟我抱怨：“谁谁谁太不会聊天了，我都想向他推荐你的书了，但又怕伤他自尊心……”

所有的这些，又说明什么呢？

感情之惑是人生的基本怨结，从年轻时对心仪之人的爱情苦恼，到中年后性格不合、外遇出轨造成的婚姻危机，多数人一生中都难免身陷几次感情陷阱。

令人不解的是，在为情所困的同时，我们对情感之事又常常表现出不屑一顾的傲慢。小伙子苦苦琢磨如何获得女孩子的芳心，周围人却认为这是没出息的表现。

作为《魔鬼约会学》的作者，我写了一本专门讲如何追女孩的书，从第一次出版到这次再版的五年时间，我自己也从青年人变成了中年人。我越来越理解上面所说的那种傲慢心态，因为在社会上打拼实属不易，同时我也目睹了越来越多的同龄人陷入婚姻危机，他们在情感之事上支付着比年轻时更大的成本。

年轻人只关注眼前，成年人会担忧未来，这确实是后者更成熟的体现。在感情这件事上，关注眼前经常是竹篮打水一场空，并且还会耽误未来的发展，这正是成年人对年轻人的忠告。但是成年人自己呢？当某一天他们想要珍惜眼前的人生时，他们处理起情感问题却还是像孩子一样幼稚。因为，处理情感问题，同样是一种需要学习的能力。

如果有人问我，《魔鬼约会学》这本书的特点在哪里？我的回答是：这本书表面上在教追女孩的技巧，但实际上讲的却是处理情感问题的方法。

比如“三三法则”，虽然是在教如何邀约，但其实是在告诉读者“尊重对方、不给压力”；“九小时效应”则是强调“陪伴”在关系中的重要性，时间可以让人释放更真实的自我；还有“如何控制负面情绪”，通过处理约会中的尴尬场景，分析了人在不愉快时的心理活动；而“下意识的语言模式”更是以两性交往中的大量对话为例，揭示男女在思维方式和表达方式上的差异。

通过追女孩的技巧，来教大家如何处理情感问题，我相信这正是《魔鬼约会学》一直受到大家欢迎并且能够再版的原因。

我从2008年开始创作至今，很多读者也已经从男孩变成了男人，甚至变成了丈夫和父亲，但是我还一直能够得到他们的反馈，知道他们仍在关注我的文章，并且我从他们那里得到的最重要的信息就是：方法、技巧不是关键，最有价值的是看问题的角度以及心态的提升。

对于一个作者而言，最喜悦的莫过于能获得读者持久的认同。为此，我要做的努力就是为大家提供有“持续价值”的内容。

那什么是没有“持续价值”的内容呢？

比如，有一类专门蹭时事热点的情感文章，读的时候很过瘾、很解气，但除了把读者心中已经升腾的情绪火焰用生动的文字再添一把柴火之外，对如何处理生活中的实际问题没有任何指导和启发。那么，时过境迁，当读者的心态和阅历发生变化后，就不会再对这类文章感兴趣了。

还有另外一类纯粹教授恋爱技巧的文章，只是教人用各种不合常规的方式去对付异性，也许这些做法在某些情况下会有效果，但它背后连带的价值观却往往是扭曲甚至错误的。当这些价值观进入一个正常人的价值观体系中，就像病毒进入了人的身体，要么让你遭受人格分裂之苦，要么把你变成一个“坏人”。

相比之下，《魔鬼约会学》是一本脚踏实地的恋爱图书，里面的文章不煽情、不说教，全都直指追求中会遇到的实际问题，并给出可操作的方法。我们承认男人就是一种重行动、要结果的动物；同时，在理性的思考和行动指南背后，《魔鬼约会学》依然附带有鲜明的价值观，那就是两性之间的独立、平等和尊重。男性应该积极主动，但却又不死缠烂打，用真实自我去寻找能够欣赏自己的女孩。

我希望我的读者——那些因为心仪的姑娘而翻开《魔鬼约会学》的男孩子，在追求爱情的过程中，你们能够更好地认识自己和了解女性，因为这也许是一个男性一生中唯一愿意学习处理情感问题的机会。也许有一天，即使你们已经摆脱了儿女情长，但在这段经历中获得的能力，依然可以帮助你面对生活中其他的心灵困惑。

如果做到这些，我作为一个文字作者的野心将获得莫大满足。

阮琦

2018 年 9 月

完成于希腊克里特岛

愿爱琴海的浪漫带给《魔鬼约会学》新的气息

写在前面

相比去研究西方追女孩的理论，我更喜欢琢磨他们的这种文化，其中一个现象就是那些知名的 PUA（Pick-up Artist，搭讪艺术家）基本都是一群大叔。作为一种小众文化，能有四五十岁的男人一直在从事，这又是西方社会价值观多元化的一次体现。反观自己所处的环境，记得大学毕业时周围也有一群朋友留长发玩摇滚，口口声声要非主流，结果一接近三十岁就全都回到正道儿上了。如果青春的定义是"可以不计后果地生活"，那么人家的青春确实要比咱们长一些。

再说说我对 PUA 的理解。从字面上读 PUA 就是"搭讪艺术家"，按我的感觉，这应该是圈子内部自封的。这种文化的出现跟互联网不无关系，就是一群男人在论坛里交流自己跟女人的那些事情，从这个意义上来讲，PUA 和 AFC（没有女人缘且社交能力不强的男人）这两个概念是相辅相成、相依为命的，没有 AFC 也就没有 PUA。其实生活中有很多会和女孩相处的高手，但他们不一定善于写文章，也不一定愿意把自己的经验告诉别人。恰当地说，PUA 就是一些专写男女搭讪约会文学的作家，他们的读者群主要是 AFC，他们能不能追到女孩其实对 AFC 不重要，但他们的文章能帮助 AFC。

“论坛 PUA”属于早期的一类 PUA，前提是需要撰写大量的文字，随着网络交流平台变得更加多样性，后来又出现了一类“QQ 群 PUA”。简单地说，就是先建立“某某 PUA 群”吸引大家加入，然后在群里通过聊天的方式即时指导 AFC 如何跟女孩子交往。这类 PUA 知名度不会很高，但粉丝的忠诚度很强。

西方的这种文化已有四十多年的历史，最早可以追溯到 1970 年美国的埃里克·韦伯出版的《如何把妹》，如今作者也是七十多岁的老头子了，想想真是令人感动。西方此类论坛的出现跟互联网几乎是同步的，而国内相关论坛的兴起却滞后了许多年，2007 年算是一个分水岭。之前曾经出现过一些论坛，因为格调不高，所以逐渐转入地下。2007 年之后，豆瓣的搭讪学小组才算是第一个“健康”的相关论坛。关于“健康”，我的理解就是要用女性也能接受的方式来讨论男女交往的话题。男人和女人，从认识到交往再到最后在一起，在这个简单的过程之后，有的男人会把成功归因为自己的手段，有的男人会把成功归因为他和她的默契。其实这是没有客观标准的，不过我喜欢后面那类。

从某种意义上讲，男女属于两种动物，虽然不同却是平等的。如果女人是老虎的话，那么男人可能是狮子，可是有些男人却把自己当成了驯兽师。如果读者能够坚持看完本书的话，那么你会发现，最后我的推论是，女性非但不比男性愚蠢，甚至还要聪明一点儿。这是上帝的一个精心设计，男人的聪明是用来为人类打天下占地球的，而女人的聪明终将接管这一切。

我在这里做关于未来的预测，这个行为又属于典型的男性思维，真正的女性思维只关心过去和现在，因此，虽然她们经常前后不一，但是她们从不犯错。

每个女人都活在自己的小世界里，而全体男人却只有一个大世界。在自己的小世界里，每个女人都是女王；在那个大世界里，男人们不得不去竞争唯一的王。女人的前后不一其实不过是男人用大世界的标准衡量小世界，所以女人的从不犯错到了男人眼中就变成了从不认错。

对男性来说，女性常常是不可理喻的，所以如果这时候你还自认比她们高等，那么难免就要气急败坏；但是如果换个思路，假设她们比我们还聪明那么一点儿，假设她们是上帝派来的性感智能生物，那么你会感受到另外一种追求体验。成功是喜悦的，失败亦是有趣的，这就是《魔鬼约会学》将要告诉大家的。

目录

第一章　两性的秘密

第二章　交流的艺术

第三章　约会的技巧

第 一 章

两性的秘密

魔鬼眼中的两性关系

在《罗密欧与朱丽叶》的故事里，一开始是罗密欧让另一个不重要的姑娘给蹬了，但这一点儿也没影响接下来爱情故事的美好。如果是朱丽叶挺着大肚子登场，估计这戏就只能往伦理剧去发展了。现实生活中也是这样，男人不会太在意让别人知道自己有被甩的经历，但女人则会谨慎许多，虽然她们喜欢聊自己的感情经历，但基本上都是讲怎么拒绝男人的段子。

女人对男人的吸引总是从性吸引开始。性吸引的效果就像一个开关，非开即关。如果有性吸引，男人就会向女人采取行动，搭讪、要号、邀约、约会、表白……如果没性吸引，女人对男人就像空气一样看不见。当然，性吸引引发的有可能只是性，也有可能是美好的爱情。这正是女人需要去甄别的。

性很容易找到替代者，而感情的独有性相对强一些，可是感情很难考验。良好的交流会产生感情，花花公子会跟女人聊天，好男人却笨嘴拙舌，所以女人常常就上当了，所幸的是，老实好男人比花花公子要多。

一般来说，真实的感情都是通过交流的积累产生的，也可以把这理解为情感的交换或交易过程，亲情、友情以及爱情都是如此。但男女之情还有可能通过想象提前大额预支，这也就是一见钟情的原因。男人比女人更容易一见钟情，好处是他们更容易被选择，但这只基于女性选择有限的前提，以前的人就是这样。当社会发展到今天，女性面临的追求者越来越多的时候，前期大额预支就很容易血本无归。

当一个人执着地爱着另一个不爱自己的人时，我们就会说：这家伙得了真命症。在我的学员中有相当一部分是真命天女症患者，宅男遇真命，绝对是世上最惨不忍睹的事情之一。

真命天女症是个有周期的慢性病，每每发作到高潮时，有些男人还会悲愤地给女方写封告别信。而女人一般不愿鱼死网破，俗话说，买卖不成仁义在，所以这时都会给个比平时态度友好些的回复，比如，“哎呀，没那么严重啦……”“呵呵，你这是怎么了，到家没有啊？”然后男人就又能够继续坚持下去了，长此以往，真命天女症患者甚至会对写告别信上瘾，因为这是唯一让他能感受到天女温柔的方式。

根据观察，我把真命天女症患者分为两类。

第一类，感性派真命天女症。

某男去银行办事，一眼看见出纳员某女，瞬间某男心灵被击溃，从此朝思暮想夜不能寐。感性派不需要对目标有多少了解就会深陷其中，因为他们爱上的是自己的想象。通常这种男人会比较看重女人的脸蛋，因为只有面孔激发的对于交流的想象才会让他产生强烈与持久的情感。

感性派会表现得比较无私，他们对于情感的需求超过占有的需要，常常会说："即使不能在一起，能做个好朋友我也满足。"只有当发现自己在对方心里连好朋友都不是时，感性派才会彻底受伤。因为好朋友也是有相互交流的，但感性派其实只是自己在跟自己交流。

感性派心理多源于童年的分离焦虑，并且往往把被抛弃归结为自己的不好，所以这种人比较自卑，在求爱被拒时都会认为是自己做错了，很少去埋怨对方，即使有时候真的是对方不对，他们也不敢正视。有一次，我的一个学员帮了他的真命天女一个很大的忙，但事后那女孩连声谢谢都没有。我告诉学员那女孩缺乏基本教养，只是在利用你对她的喜欢，学员却说："是不是我给她压力太大了……"

第二类，理性派真命天女症。

某男觉得自己到了谈婚论嫁的年龄，于是把单位的女同事全部调查一遍，发现某女家境、学历、人品、样貌全都符合未来妻子的要求，于是认定这就是自己今生今世要找的那个人，然后就开始了执着的追求。

理性派一般都表现得很自信，在遭遇拒绝时，他们常常会替对方惋惜：“我们是最合适的，你怎么就不明白这一点呢？”“你还不了解我，怎么就能轻易下结论呢？”对理性派来说，追求就是帮助对方认识谬误的过程。他们看重最后的结果，追不到就没有意义。

虽然理性派表面上理直气壮，但本质上还是另一种不自信。他们不习惯接受生活的不确定性，只有在计划好的世界里，他们才有安全感。

不管怎么说，真命天女症都是一种病，而且是一种男性病，因为一见钟情的男人比女人多，所以真命天女症也比真命天子症多。

那么，当爱一个人而不被接受的时候，什么情况下该坚持，什么情况下该放弃呢？如果这种状态让你的人生往上走，让你比以前更积极、更乐观、更能够提升自我，那么就可以坚持；但如果这种状态使你变得怨天尤人、无精打采、疑神疑鬼、悲观狭隘、神经兮兮、前后不一，让你越来越没有魅力，那么你就应该尽早放弃。

性吸引是原动力

女人对男人的吸引总是从性吸引开始，但每个男人都有自己的侧重点。有的男人喜欢腿长的女人，有的男人喜欢腰细的女人……当然，还有一部分晚熟男人喜欢脸蛋漂亮的女人。作为理性思维的动物，性吸引对于男人来说，部分比整体重要，数据比感觉重要。之所以会这样，我想可能跟男性的竞争意识有关。男人喜欢把自己的女人跟其他男人的女人对比，而分拆进行则比较方便操作。

男人的这种心理对普天下的女人来说其实也不是件坏事，因为真正的美女毕竟是少数，但外形有局部优点的女人应该占到人群中的 50% ~ 60%，也就是说，世界上大部分女人都可能成为一部分男人心中的性感女神。所以，男人的理性思维也间接为世界和平做了点儿贡献。

在日常生活里，女人自己对出门前打扮的重视程度是这样排序的：排在首位的是跟心仪的男人见面；其次是去逛街，商场既是商品的秀场，也是女人魅力的秀场，不管面对同行女伴还是导购小姐，一定不能让她们小瞧自己；排在最后的是跟普通追求者的约会，由于在这些男人面前已经自信满满了，所以经常也就随随便便了。

在这三种情况中，逛街的女孩往往最吸引男人。因为这时候她们可以随心所欲地打扮自己，把平时想穿不敢穿的都穿出来，既不用担心被喜欢的男人误解，也不用害怕被不喜欢的男人纠缠，还能偶尔诱惑一下陌生人，赚点回头率，将来留点美好的青春回忆。所以相比之下，逛街的女人穿着最大胆、最诱惑（不过不能跟夜店比），这也就是很多男人觉得搭讪比约会更过瘾的原因。

由于不了解男人的心理，在发挥吸引力这件事上，很多女性朋友走入了误区。女人总是力求完美，力求没有缺点，力求别让其他女人嘲笑，但男人其实不太在乎这些。男人更看中的是对他构成吸引的那部分，有就是有，没有也别勉强。所以，多数男人都喜欢自然状态的女人，因为这时候女人的局部优势更加显而易见，而精心打扮则有可能为了平衡整体去收敛局部优势，虽然看起来漂亮得体，却没有了致命吸引力。

因此，在吸引男人这件事上，女人的正确做法应该是了解自己、找对目标、集中火力、展现优点。

最后，再举个生活中的小例子。

这是一对比较熟悉的男女的追求关系。

男：我路过你家楼下了，一起吃午饭吧。

女：不行啊，我刚起床，还没收拾呢，头发乱糟糟的。

男：没关系的，就咱俩。

女：真的不行啊……

其实如果女孩也喜欢这男人的话，那她就犯了个小错误。因为男人真不觉得头发有那么重要。当然，我也不是说让你顶个"鸡窝"下楼见他，其实只要用个五至十分钟简单收拾一下，对于喜欢你的男人来说就足够了。因为在追求的阶段，他想见到的就是对他有吸引力的那部分，以及你——那部分的主人。

爱情中的“诚意”陷阱

很多男人在追女孩受挫时，都会把原因归结为自己表现的“诚意”不够，于是继续加码，但最终只有极少数的人能如愿以偿。失败者可能到死都不明白自己上了一个博弈的当，他们依然会痴心不改地说：“不对呀，所有女孩子都承认，她们选择男人最看重的是诚意。”

我相信每一个女孩都没有刻意撒谎，我只能说“诚意”在追求过程中被她们下意识地夸大了，并且其背后有着非常理性的原因。

我们设想一个模型：四男追求一女，女人会根据她的“标准”选择出自己的终身伴侣，但终身伴侣并不代表终身保障，这个男人可能变心也可能遭遇不幸，一旦发生这样的意外，女人只能在另外三个男人中再做选择。

但是，这时候女人不会赤裸裸地对继任者说："我选择前任是因为他是你们当中条件最好的，无奈天有不测风云，现在他走了，而你是老二，所以我来找你了。"显然，这样太伤害"备胎"的感情了，非常不利于让他们继续死心塌地对你好。

那么，一个什么样的"选择标准"讲出来最有利于保护候补者的自尊呢？显然，"诚意"是最好的说辞。"我选择男人看重的是诚意。""我没选择你不是因为你不够优秀，而是因为我感受不到你的诚意。"……这是个多么给失败者面子的理由啊！并且一举两得，即使对于被选择的那位，告诉他"我选择你是因为你最有诚意"也比"我选择你是因为你条件最好"更有利于让自己在今后的两人关系中保持优势地位。

分析到这里，大家有没有觉得男女相处有些时候简直就是一门政治学？不错，让被选者不要高枕无忧于自己的绝对优势，让他们时刻担心如果不尽心尽力就可能被取而代之；让落选者不要自暴自弃于自己的相对劣势，让他们永远相信只要不放弃努力就有机会东山再起。这从来都是控制和平衡的艺术。女人在体力上相比男人不占优势，但正因如此，在长期的两性博弈中，她们会积累出一些有利于自己的经验，"看诚意"便是其中之一。

所以，女人会把"看诚意"挂在嘴边，尤其是看到别的男人在追求别的女人无怨无悔地付出时，她们更会"真诚"地表示感动。

说到这里，可能有人会反驳："不对呀，女人对诚意的看重不只是说说而已的，有些女人确实就是这样做的。”

我承认这种现象真实存在，甚至也有女孩亲口对我讲过，她在择偶的时候绝对要反复考察男人的诚意，她需要对方多发几次信息才会回一条，需要对方反复邀约才会答应一次。如果对方表白的话，她便不由分说地拒绝，然后再看对方是否有锲而不舍的精神……我问她为什么要这样对待追求者，她的回答是：对男人缺乏安全感，男人必须付出很多很多以后，她才相信这个男人是真的爱自己，然后她才会付出。

对于这样的女人，我只能说，她的择偶模式对于她业已形成的心理有其合理性，但是这种行为的结果是，她们找到适合自己的伴侣的机会将大大减少。

因为在现实生活中，多数的女孩只是把“看诚意”挂在嘴边，实际上会综合考虑，只有少数的女孩是真的把“看诚意”付诸行动，不过后者会让自己在择偶竞争中处于劣势，因为相当一部分条件好的男人会由于不堪折磨转而追前一种女孩。

追求这件事，从个体角度讲是方法，从群体高度讲是策略。每个人都想找到条件尽量好的另一半，但是从宏观来看，大家都能找到跟自己条件相当的就是最佳结果。而找到条件相当的伴侣的最佳策略就是付出的对等性。男人作为追求方应该首先发起交往，从方法上可以这样描述：男人主动发信息，女人如果回复的话，男人才有必要继续；女人如果回复友好的话，男人才有必要进一步邀约；女人如果在约会后热情的话，男人才有必要表白……诚意是在有效交往的持续性上体现的，男人虽然应该首先付出一些，但绝对没必要太多，对此不妨从环保的角度来理解——单方面大量付出破坏了择偶生态的平衡。如果境界再高点，我们可以把诚意理解为一种态度、对所爱对象的尊重——当她对我好的时候，我会持续自己的爱，而当她不对我好的时候，我会克制自己的爱。诚意的本质应该是“我不会骗你”，而不是“我不能没你”，让双方在交往中保持自由和平等。

综上所述，“诚意”可以比喻为男女关系的润滑剂，让彼此能够进退自如，它绝对是不可缺少的，就像机油对汽车的重要性。但是，非常遗憾的是，在爱情之路的追逐与竞赛中，缺乏经验的男人往往把“诚意”作为获胜的手段。女人虽然重感性，但选择男人的机制其实非常理性，这是她们长期进化的结果，能够综合考察的女人在生存中才能获得更多的机会。作为正常女人，当她疏远一个男人的时候，只有极小的概率是因为这个男人真的只是“诚意”不够，并且如果恰好是因为这个理由的话，那么之前她一定对这个男人曾经相当主动过。所以，那些觉得自己被拒是因为“诚意”不够的男人除了愚昧之外，还有一点儿自恋。当他不断试图通过表达“诚意”来推进一段停滞不前的关系时，就像往一辆因为没有汽油而抛锚的车子的油箱里添加润滑油，结果……就只能是“烧机油”了。

男人，你了解女人的“为什么”吗

在跟女孩交往中，我们经常要回答一些关于“为什么”的问题。比如，搭讪阶段，“为什么你要认识我？”邀约阶段，“为什么你要请我吃饭？”情侣阶段，“为什么要去你家？”

在对这类问题的回答中，我发现了男性思维跟女性思维的差异。

先看男人常见的回答：

“为什么你要认识我？”——男：“因为我想要跟你做个朋友。”

“为什么你要请我吃饭？”——男：“因为我希望再见到你。”

“为什么要去你家？”——男：“因为我想要跟你做爱。”

请注意，以上三个回答的开头都是“我想要”或者“我希望”，这就是典型男性思维的特征。对于男人来说，“认识”“吃饭”“回家”都是为了达到他“想要”的那个结果的过程。

再看女人喜欢的回答：

“为什么你要认识我？”——男：“因为不认识你，我会后悔。”

“为什么你要请我吃饭？”——男：“因为没你，我吃不下。”

“为什么要去你家？”——男：“因为没你，我睡不着。”

大家发现了吗？女人喜欢的回答往往不是基于现在跟未来的因果关系，而是对现在本身的描述。换句话说，在男性思维中，未来比现在重要，但在女性思维中，现在比未来重要。相比男人而言，女人更是“活在当下”的动物。

最后提醒大家一句，即使是男性思维的回答，只要对方喜欢你的话也会被接受，但那往往是你的男性魅力已经把她吸引的缘故。纯粹作为沟通效果而言，还是用女性思维的回答更让女人满意。

还有一种不错的回答，属于男性思维与女性思维的混合体。

> 女：“为什么你要请我吃饭？”
>
> 男：“我知道有人也要请你吃饭，所以得先下手为强了。”

搭讪并不是“以貌取人”

那些以前不敢搭讪后来又终于迈出这一步的人，往往是由于一次特别心动的刺激，但成为搭讪者之后又常常会发现，美丽的身影其实并不会带来持久的激动，真正难得的还是内心的共鸣以及时间的沉积。

而那些从来不敢搭讪的人是不会理解这些的，当他们说“搭讪就是在以貌取人”时，其实是缘于他们对搭讪的恐惧，而搭讪的动机又只能基于外表，所以认为搭讪的人肯定是把外表看得无比重要。但他们想不到的是，对真正搭讪的人来说，搭讪并不比借个火更需要勇气，搭讪者的确是欣赏外貌，但并没把外貌看得至高无上，就像借火的人不一定就是烟鬼一样。

以貌取人的严格定义是，把外貌当作唯一重要的条件。而作为一种交友方式，搭讪只不过是把外貌放到了筛选顺序的第一步。

由于传统文化往往把“第一次”看得比较重要，所以才把上来就看貌的叫“以貌取人”，把上来就言利的叫“唯利是图”。究其原因，“貌和利”的筛选都太明确、太直接、太残酷了，不像内在、修为、涵养的匹配那么模糊，那么朦胧，那么委婉。拒绝一个人，显然“我们性格不合适”比“我觉得你长得不行”或“我觉得你挣得不多”要好听得多。所以，多数人都是在交友网站里先偷看相册（或收入），选定目标之后再假装只关心内在美地去网聊，最后等到“见光死”的那一瞬间玩失踪。

在男女交往这件事上，我喜欢直来直去，即使是《非诚勿扰》里的那些拜金女，我觉得也无可厚非。她有她的标准，我有我的尺寸，大家上来先汇报一下数据，不合适的话就赶紧各忙各的了，何必还要追在姑娘后面叽叽歪歪，嫌人家“势利”呢。

男人因为外表而喜欢女人只是他的本能之一，同时还要看男人得到女人之后的表现。这跟懂不懂内涵没有必然联系，而是要看那个男人自己是不是个有感情的动物。所谓感情，是我们对过往生活的一种怀念和依恋，它会被投射到相应的人或物上，于是我们就像在乎自己一样去在乎那些人或物。但在这个世界上，有的人有感情，有的人没感情，或者说，有的人感情多，有的人感情少。

如何识别女人的邀约信号

基本案情：搭讪认识，手机上聊过两次，男的主动，聊得还行。女方有情绪释放（通常指在聊天过程中，聊天者对所谈话题表达出自己的感受、态度和想法，多数伴有语气词），没有邀约。某天傍晚，女方突然主动发信息。

情况一：你在做什么？

这种提问通常代表她对你好奇，此刻正好有时间跟你闲聊。所以，比较合适的做法是抓住机会跟她好好交流，可以详细讲述自己的状态，这时候多说自己不算为过，而且一定要多说自己，因为她在对你好奇，不要把话题重心放到她那边。在结尾回复时，对她有个反关注（一般指在聊天中，对对方提出的关于自身状态、感受的话题进行响应），也问一下她在做什么，这样既是礼貌，又能保证万一她有想跟你见面的意思，你也不至于错失良机。

想跟你见面的女孩，在回答你的问题时，一定会说自己没事，这样你就可以趁势邀约了；如果她说出了自己的安排，那么说明她没见面的意思，你就继续深入聊天，反正她不会很忙，否则不会主动联系你。

而错误的做法是看到女孩主动发信息，就一概认为是邀约暗示，跳过交流立即邀约，比如，“我快下班了，要不一起吃晚饭？”这时候如果对方晚上有安排，不能见面只能拒绝的话，你就连好好交流的机会都失去了。即使对方没安排，你这么生硬邀约，也会让女孩感觉尴尬，好像是自己主动送上门似的。要记住，女人爱纠结，稍微情绪化一下就没心情见面了，所以还是开头的方式最万无一失。

情况二：你在哪儿？

这种提问通常代表她此刻恰好有空，如果你离得近就跟你见个面，如果离得远就算了。但是你不知道她在什么地方，所以你就如实回答自己的位置，万一是个离她比较远的地点，那么一旦说出来，她是不会让你过去找她的。因为这个关系阶段，女孩通常还是想相互了解，如果挑明了让一个男人从很远的地方跑过来见自己，见面之后又没有继续发展的话，她会觉得对不起这个追求者（当然这是懂事的女孩）。

那么，这种情况究竟该如何应对呢？首先要判断她的方位，她多半会在你们上次见面的地点附近，或者在你的单位附近（如果她知道你的工作地点），总之，她可能位于跟你的生活相关的地点，那么你就挑选最有可能的一个，回答“我在 ××× 附近”。记住，加上“附近”两个字，理论上不论你在哪儿就都不算说谎了，因为没有任何规定说“附近”到底有多近。更重要的是，说谎不是为了骗她，而是减轻她因为主动约你而带来的压力。

但是，只回答“在 ××× 附近”还不够，再加上一句：“你在哪儿？我去找你吧……”彻底把要求见面的责任承担过来。这时候女孩一般都会答应，然后你再打个“预防针”就更好了，“我收拾一下就出发，顺利的话半个小时后见”。当然，让女孩等待也有讲究，千万别让人家在街头、车站、餐厅这种无聊的地方待着，最好约在商场，因为逛街的女人最没时间概念了。

“你在做什么？”多数是聊天信号，偶尔是邀约信号，但不管怎样，对方都不是着急见面，所以纯聊天＋试探＋邀约，这是统一招式。

“你在哪儿？”这是百分之百见面信号，而且要立即马上，所以别啰唆别闲聊，赶快步入正题，边发信息边上路都可以，反正肯定会见的，如果你是高手的话。

“了解女性”与“女性的不可了解”

我的许多文章都是围绕“了解女性”这个主题展开的，可同时，我也经常感叹“女性是不可了解的”，以下就讲讲二者之间的道理。

经常有学员在遭到拒绝后这样问我：“老师，帮我看看究竟是我的哪一句话讲错了，或者是我哪一件事做错了，她如此对我。”

其实，单凭这一句话，就已经折射出宅男们的思维模式，他们往往认为在两个人的交往中，自己的表现是影响对方行为的重要因素。

但事实上，这只是男人的想法，而女人则跟我们有本质不同。

比如，男人约女人周末去爬山。那么，只要这个男人的生活中没有重大突发事件出现，他就会把这个约会作为周末必需的事情。但女人则不然，只要还没接受这个男人，那么她生活中的任何一件小事（来例假了、跟同事闹摩擦、接了个前男友的电话、昨晚没睡好……）都可能影响她去赴约。按她们自己的话说，就是“没心情了”。这就是男女的差别。

女人受情绪左右，男人靠欲望支配；而情绪又受环境影响，欲望则指向具体目标。

这个差别应该跟远古时的两性分工有关：狩猎工作要求男人能准确地判断目标的距离和速度，而哺育任务则需要女性时刻关注周围的变化（因为环境影响着婴儿的生存）。有时我甚至不得不这样设想，是不是因为环境的变量太复杂了，所以人类才进化出情绪这种能力，把情绪作为判断环境的高效手段。而女人之所以情绪化，是因为女人更需要判断环境，因此也才有那句话——直觉是女人的天赋。

男女的感知能力也存在巨大的差异。比如，男人的视觉是点到点的，而女人的视觉是点到面的。搭讪者可以在茫茫人海中一眼发现百米开外的美女，而当跑到她面前时，美女只要轻瞄一下，就能把男人从头到脚都打量清楚。同样，两个女人擦肩而过，彼此只要回头一瞥，对方穿什么衣服拎什么包，染什么头发戴什么戒指，就全都记住了。

她们这种对细节的观察能力，是男人很难具备的。女人天生善于发现细节，同时，女人也容易被细节所影响。

明白了这些道理之后，在与女性的交往中，我就只关注对方的反应，以及应该如何应对，俗称“见招拆招”。至于她种种反应产生的原因，通常我不会去探究，因为我知道根本无法推断。而且，这样做还会带来另一个好处，我把犯错、冒傻气的机会降到了最低。

比如，说好的爬山计划，对方临时突然说：“不好意思，今天不想去了。”由于我明白会有多种可能导致这个结果，所以反而不会纠结那个具体原因，这就是我一向所说的“女人的不可了解”。通常，我就痛快地回复：“好的，周末愉快。”然后呢，隔上三五天再约就行了，并且也不会重提那次爽约的旧事。

因为我知道女人是情景动物，所以我也只做情景层面的回应，不会把“她不去了”解读成“她拒绝我”。这样做的原因不是出于理性上的“追求真相”，而是为了感性上的“保持一致”。但是宅男们的做法就正好相反。很多人会分析分析再分析，努力努力再努力，比如，“你是不是累啊？那我去你家接你。”“你是不是生我气了？那我向你道歉。”“要不咱们别爬山了，看电影也行。”“你看我都出发了，马上就到你楼下了。”“那这周不行，咱们改下周？”

总之，狩猎的作风此刻暴露无遗——到手的兔子怎么能让它跑了，必须做点儿什么……

结果就是，本来她的坏心情可能跟你无关，不过现在也算你一份了。

产生这种错误的根本原因是，宅男们在把女人当作目标的同时，把自己也当成了女人眼中的目标，他们是如何观察女人的，就以为女人也在如何观察他们。

在日常生活里，在追求的多数阶段，男人都是作为环境的一分子间接地影响女人的情绪，进而影响女人的决定。

为什么约会学会产生于21世纪的今天，其实正是由于社会的发展让男女越来越平等，女性在生存上越来越不依赖于男性。而在过去的几千年里，男人是不需要了解女人的，有银子的话，找个媒婆一说就行了。如今的生活中，男女的地位在悄悄发生变化。记得我小时候，女孩找个男朋友是有许多实用价值的，比如公交车上抢个座，星期天换个煤气罐什么的。而现在，一个男白领和一个女白领的生存局面几乎是一样的，买得起的都买得起，买不起的都买不起，谁怕谁呀……

在这种情况下，两性交往的观念就需要改变了，谁追求谁，谁就应该主动去适应谁的思维习惯。那种以为可以凭着“术”或者“道”就能操控女性的理论，不过是古代男权主义的幽灵，但说实话，无财无貌的男平民今天玩儿这个，真是不靠谱。

回到本文的主题。在我的个人经验中，我越来越发现情绪感知能力在约会中的重要性，跟女人讲逻辑肯定是行不通的，向她们展示高价值也得你真具备才行。因此，在两人互动的时候，真正可以努力的地方就是去感知她的情绪，而人的这种能力，却正随着网络生活的蔓延而退化。

所以，说到出门搭讪，我最喜欢的就是在说出同样一句“我想认识你”之后，看到女孩们千百种不同的表情。根据她们的情绪来采取回应，这才是件有趣的事情。比如，当她说“我有男朋友了”的时候，如果是拒绝交流的神情，那么我通常一句话不说就走了；如果是和善友好的态度，也许我会开个玩笑“可是我没男朋友啊”……

因此，准确地说，在约会的时候，我们只需要“了解女人的情绪状态”就够了，到了心理学的领域，才有必要分析“女人情绪状态产生的原因”。不过，通常来说，这些原因都是“不可了解的”。

无处不在的恋爱心理学

好几年前的一个傍晚，我正跟哥们儿在一家商场的吉野家吃晚饭，忽然发现旁边坐了一位漂亮女孩，二十六七岁。我那朋友有点儿蠢蠢欲动，问我这种情况下该怎么办。我看餐厅的客人不多，气氛比较适合交谈，就建议他直接坐到女孩对面。他出于对我多年来的信任，毫不犹豫地出手了。女孩的态度果然友好，可能她也觉得一个人在这么安静的餐厅吃饭有点儿沉闷，所以大方地与我的朋友聊了起来，并且很快让我也加入了他们。

在我和哥们儿分别进行了自我介绍之后，女孩主动说道："那你们猜猜我是做什么工作的吧！"一分钟的沉默之后，我回答："你是老师吧？"女孩很惊讶："真准！我是中学老师。你是怎么看出来的？"出于礼貌，我没有说出全部原因，只是说："根据你讲话的气质判断的，老师跟普通人不太一样。"女孩似乎对这个解释挺满意，于是我们继续愉快地交谈。

在临近结束的时候，哥们儿向女孩索要联系方式，女孩回答：“跟你们聊天很开心，但是我已经结婚了，还是有缘再见吧。”说完女孩飘然而去，留下怅然若失的两个单身汉咀嚼索然无味的双拼饭。

在各种叹息之后，哥们儿终于问我：“你是怎么看出她的工作的？”我解释道：“我是从她主动让咱们猜这一点来入手的。这女孩看起来是受过教育的人，通常应该是个白领，但她主动提到自己的职业，说明她不同于一般坐办公室的。那么我能想到的就是演员、医生还有老师。演员这个职业在生活中很容易受人关注，所以往往不会主动提；医生在工作中要跟病人讲话，所以下班后不容易再有兴趣与陌生人交谈，另外医生都很忙，我搭讪这么多年也很少遇到过医生；只有老师不同，尤其中小学老师，虽然每天要讲很多话，但都是面对一群孩子，所以他们往往更有跟同龄人交流的欲望。”

听完这段分析，哥们儿对我叹为观止，那天的吉野家他请客了。

多年之后，当我干上约会培训这一行，学员们也经常遇到搭讪的女孩要他们猜自己的工作，我把这个经验告诉大家，命中率竟然也是十有八九。

但有一点必须提醒各位：一定要在对方主动让你猜的时候方

才有效。

最后再讲个小故事，有个学员学了这招儿之后，在跟女孩搭讪时自己故意把话题往这上面引——

学员：“你是做什么工作的呀？”

女孩：“跟一般人不太一样，要讲很多的话，你猜吧！”

学员：“你是老师？”

女孩：“不对，我是导游。”

她不是一个人，该怎么搭讪

想认识陌生女孩，除了搭讪落单目标，就是搭讪组合了。

组合可以分为二人组和多人组（这里不讨论有男性成员的组合）。很多新手会觉得对方人数越多，搭讪难度越大，其实那都是心理作用，因为人越多，承受的社会压力越大。但真正操作起来，二人组才是最不好搭的，因为目标要跟你讲话，势必把自己的同伴冷落在一边，重色轻友的罪名，女孩子同样担待不起。而多人组相对而言就好一些，跟目标搭讪时，她的同伴们可以自己聊天，这样目标的道德压力会小一些。

搭讪组合的成功率会受许多不可控的因素影响。一般来说，首先要对组合全体问候："你们好！"这是个基本礼貌，因为你打断了正在聊天的女士们。之后操作分成两个方向，如果目标的同伴看着你，你就先对她说一句："不好意思，我想认识你的朋友。”然后不等她反应，立即再对目标说：“你好，我想认识你。”如果目标的同伴没有看着你，你就直接对目标说：“你好，我想认识你。”接下来的事情，就跟搭讪单人目标一样了。人家态度好，给你说话的机会，你就慢慢说；人家态度不好，不搭理你，你就走人。

有人感言，街上的漂亮女孩大多在组合里，所以搭讪组合很重要。但我个人不这么认为，我觉得搭讪的关键在于有效交流。搭讪落单目标，你有可能跟她展开一段即时约会，有可能马上成为朋友。可是搭讪街上的组合，一般你是不可能加入到她们的谈话当中的，仅仅是要个号码而已，不会再有更多交流。所以，如果你形象出众，即使存电话号码的姿势都能让姑娘过目难忘，那你尽管狂搭组合；但如果你是个靠内涵取胜的搭讪者，那么还是少在组合上浪费时间。不妨想象一下，就算你手捧一本全国美女电话黄页大全，可里面的人都不记得你，那又有什么意义呢?

还有一类比较少见的组合——母女组合。下面说说搭女儿的经验。

依据中华民族尊重长辈的传统，搭讪母女组合，我们要先跟妈妈讲话。“阿姨您好，这是您的女儿吗？”先确认一下，以免是儿媳。如果不是的话，再接着说：“我想认识她。”接下来你有可能要经历一下妈妈的即时面试。根据搭讪班的多次经验，我发现妈妈们面对搭讪者都十分淡定，通常她们会直接询问一些你的职业、籍贯、年龄等实用相亲信息。

大家记住，只要被问到这些就是好事，基本上之后妈妈都会同意让你们认识。所以，搭讪母女组合，形象非常重要，形象不过关的都直接被淘汰了，而且妈妈们会用诧异的表情说“不用了吧”，估计心里想说的是“癞蛤蟆怎么还想吃天鹅肉”。

在实践中，我发现只要是形象过关的学员，搭讪母女组合的成功率甚至高过落单目标，不得不说这是个令人深思的现象。在一次又一次目睹妈妈对着或犹豫或害羞的女儿，淡定地说出“那你们就认识一下呗”，我突然明白了这样一个事实：那些青春已逝的女人，对搭讪者的态度比我们想象中宽容许多。也许她们看透了男人，知道不搭讪的男人并不比搭讪的男人更可靠多少。而对于女人自身，当你青春尚在的时候，重要的就是在欣赏你的男人中去多认识一些你也看着顺眼的男人。还是那句老话，“只有失去了才懂得珍惜”，男女莫不如此。

女同事该怎么追

虽然说“兔子不吃窝边草”，但不可否认的事实是，大部分男人都惦记过自己的女同事。穴居动物的本能让我们在团体生活中更容易产生情爱冲动，同时社会文化一直也在倡导圈子里的对象更靠谱。作为一个街搭爱好者，研究一下办公室恋爱，更有助于理解男女关系的本质。

办公室恋情比我们以为的要普遍得多，但大部分都是暗中进行的，这其实也是办公室恋爱的第一原则：众人面前要低调。在追求过程中，不要当着大家的面为她做你不会为别人做的事。每天把早餐放到她桌子上？不要。当着你或她好朋友的面约她看电影？也不要。

同在一个公司，该怎么搭讪女孩？答案很简单，找个四下无人的地方，下班路上，直接过去自我介绍一下，然后随便聊几句，感觉差不多就直接要电话。这比街搭容易多了，没有安全感的问题，主要是看人家觉得你顺眼不顺眼，所以平时的衣着形象很重要。

为什么搭讪同公司的女孩需要找个四下无人的时候呢？因为当着别人的面，你很容易被看出来对这个女孩的意图，而且就算你表现得再自然也保不齐有人还是会起哄，这就会给女孩造成很大麻烦，通常在对你没有更多了解的情况下，她倾向于先对你竖起防护罩。

你有一群好朋友，他们都很支持你追这个女孩，于是公司年会上，在大家的喝彩声中，你上前去邀约女孩……记住，最好不要这么做！如果你有支持者，只需让他们暗中多多创造你跟她单独相处的机会就好，然后就是装作什么也不知道。

为什么追求同公司的女孩需要这样呢？因为在最终接受某一个男人之前，女孩子都不愿意让周围人知道有人在追求自己，否则会减少其他男人追求自己的机会。在一般认为女人不能采取主动的恋爱文化中，她们唯一能够行使的权利就是选择权，而选择的前提就是有尽量多的追求者，因此，被男人追求的自由对女人是很重要的。所以，即使你的朋友都支持你追这个女孩，最好也不要让女孩知道这一点，自己偷偷追就好了。

办公室恋爱要低调的另一个理由是，即使失败了，也能保全面子。她会跟别人宣扬吗？通常来说不会，因为这样做同样会减少其他男人追求自己的机会。当然，世上总难免会有一些傻丫头，不过即使不幸让你遇到，还有最后一招——死不承认，反正也没有证人。

维护面子不仅是为了你自己，也是为了你可能去追求的下一位女同事。虽然多数女人不会介意自己的男人以前追过别的女人，但有一个前提，就是“这个女人不能还在你和她的生活中”。所以，除非一切已经板上钉钉，否则保密是办公室恋爱的重中之重。

“众人面前低调，二人之间直接”，这种偷偷追的方式还有一个好处，就是能合理且自然地用两种态度交替对她——平等的同事关系以及求爱中的男女关系。有时候这样能制造出一种“性张力”，俗称“推拉”。这简直是办公室恋爱得天独厚的优势，要知道通常情况下欲擒故纵很容易显得刻意，但在工作环境中则会自然很多。

收到号码无后续，究竟为哪般

首先我们把直接的搭讪方式分为三种：

1. 直接开场 + 直接收场。（你好，我想认识你，留个电话吧……）

2. 直接开场 + 简单寒暄。（10 分钟以内的交谈，以惯例为主，没有个性化内容。）

3. 直接开场 + 有效交流。（20 分钟以上的交谈，脱离惯例，有个性化内容。）

其次把成功的搭讪分为两种：

1. 要到号码。

2. 有效后续（对方会积极回复你）。

最后再把具备使用直接开场资格的男士（外形一定要过关）分为两种：

1. 普通吸引力。

2. 强烈吸引力。

下面是我观察到的现象：

普通吸引力的男士

直接开场＋直接收场——基本要不到号码。

直接开场＋简单寒暄——可以要到号码，但没有有效后续。

直接开场＋有效交流——可以要到号码，也可能有有效后续。

强烈吸引力的男士

使用三种搭讪方式都可以要到号码并且有有效后续。（现实就是这么残酷，嘿嘿！）

以上是我开办搭讪约会培训以来对大量不同条件学员观察的结果，我的个人搭讪经验也是如此。我属于外形普通的搭讪者，在我早年独自搭讪的岁月，一般都会谨慎选择目标，出手之后也是尽量寻找机会即时约会，这样我后续的成功率基本保持在 50%。做了搭讪培训以后，有时为了给学员做现场示范，我也会匆匆上阵，三五句话就要个号码，为的是给学员展示一下勇气和身体语言，但这种搭讪的后续效率很低。反之，那些外形出色的学员这样搭讪，无论收号还是后续，成功率都比我高。基本上女孩都会回复他们，并且只要不是聊得太差，一般还能再约出来。而对我自己来说，没有有效交流，街头搭讪就等于大海捞针。但是只要有了有效交流，我的成绩可以与那些外形出色的学员不相上下。

作为普通吸引力的男人，要想搭讪能有后续，有效交流是必不可少的环节。

当搭讪这种社交方式兴起以后，有些人囫囵吞枣不求甚解，背了几个惯例就像个机器人一样满大街追着女人说“我想认识你”。这当然是不行的，如果美女都这么容易到手，那么人类还怎么进化？

至于如何有效交流，这是个很大的话题，这里先说一点，街头搭讪有效交流的关键在于跟陌生异性“建立连接”。“建立连接”的要点是循序渐进，要简单明了。这个过程的目的不是交换信息，而是架设渠道，或者说是以交换信息为表面形式，实质在于架设渠道。因此，轻松简单的对话更为有效，而复杂的内容反而会把尚属脆弱的渠道压垮。在我总结的吸引力四要素（后文会讲到）中，除了外形的吸引可以通过视觉直接传递，其他吸引力都是要依赖“沟通渠道”才能传递的。这就是有些人使用直接开场只能收到号码却没后续的根本原因。

女孩的好感信号以及如何应对

追女孩的时候，男人总是一门心思地想着推进关系，但这时如果不能正确识别她的好感信号，那么既可能在不该出手的时候出手而冒进出局，也可能在该出手的时候没出手而错失良机。所以，当双方交往进入约会关系之后，你可以通过四种程度的好感信号来判断情侣关系升级的时机。这四种信号可能会在一段关系中依次全部出现，也可能长期只固定于一种或几种，对应原则是以其中好感程度最高的信号为准。

以下从低往高共分四级，其中第四级和第三级就是咱们平时说的备胎。

第四级【回应】——不能升级的普通朋友关系。

女孩表现：接你电话、回你信息，内容平淡；态度礼貌，但至少搭理你。如果你们之间没有其他的利益关系，那么说明姑娘还是把你放在了普通朋友的位置。

你的对策：不要口水式赞美，也不要动不动就送温暖送礼物，更切忌表白升级，只能先做朋友再等待机会。这个阶段的男人最容易犯的错误就是沉不住气。他们会这样想："如果不做点儿什么的话，她怎么会改变对我的态度？"可惜的是这个世界并不是你想怎样就会怎样的，更糟糕的往往是当你努力"做了点儿什么"之后，就永远被放在了普通朋友的位置，或者连普通朋友都不是了。其实最好的做法就是按姑娘能够接受的频率，保持联系或邀约见面，耐心等待她自身的变化。因为即使你什么都不做，也可能会有其他因素让她的心情、态度发生变化，而你唯一能做的就是保持联系、细心观察、抓住机会，剩下的就听天由命了。

第三级【倾诉】——可以先发展为好朋友，再从好朋友向情侣关系升级的关系。

女孩表现：姑娘跟你说话很多，内容具体，感受丰富，话题敏感。倾诉得多，代表对你有安全感和信任感，觉得你是理解她的人。

你的对策：不要急于升级，否则女人会说"本来想跟你做个朋友，但你非要这样，那只能算了"，并且她基本会说到做到。因为你们还没交情，没交情就意味着对女人来说没失去。一定要先牢固好朋友的关系，至少做几个月，等姑娘对你们的友谊有了相当的依赖之后，再温水煮青蛙，循序渐进地表白。但这需要非常良好的心态以及一定的技术，所以不是每张“好人卡”都能成功跨越“友谊区”的。

第二级【关注】——可以从普通朋友向情侣关系升级，但需要继续了解的关系。

女孩表现：姑娘对你的话题积极响应，对你的生活充满好奇。有关注，代表对你有兴趣、有好感，关心你且在意你。

你的对策：可以立即升级，语言表白或身体接触都行。但升级不意味着你马上就会被接受，姑娘可能还会有个考虑的过程。你要显得轻松自信、诚恳豁达，要有“我知道你对我有好感，我也喜欢你，所以咱们再深入一步，但如果你反悔了我也能理解”的态度。

第一级【依顺】——可以直接从普通朋友向情侣关系升级，并且能够一步成功的关系。

女孩表现：容易约出来，愿意跟你在一起，听从你的建议，接受你的要求，说白了就是两字——“听话”。

你的对策：基本上姑娘已经非常喜欢你了，接下来只要你大胆提出要求，她会把满足你看成是加深你们联系的美好体验。但正因如此，所以有时候姑娘也会刻意表现出轻微的拒绝或抵抗，其实她是想看到你表现出对她更强烈的需求，并且这种抗拒通常也只是做做样子而已，把握好这个分寸就不属于耍流氓了。

看完以上内容，说说情人节该不该给女孩准备礼物的事，答案显而易见。如果你们的关系属于第一级和第二级，那么二话不说约好见面，并且提前准备礼物吧！

如果你们的关系属于第三级，那么不必提前邀约，也不必准备礼物。因为你目前只是备胎，备胎更要高姿态一些，把重大节日留给主胎使用。但你可以在情人节当天（中午最好）问候女神一下，万一女神没安排（多半是主胎出问题了），那么咱就及时顶上，可以轻松地说一句“正好我也没安排，要不晚上一起吃饭吧”……

如果真的见面了，再把下午临时买好的礼物出其不意地送给她。这种情况下是不会给女孩压力的，理由很简单，因为姑娘此刻需要这份浪漫。但别得意忘形，谨记第三级的指导原则，这只是“温水煮青蛙”工程的一部分，不要指望今晚就能一步到位（那个神圣时刻往往跟例假一样，说不准是什么日子）。不过临别时可以拉拉手，偷袭下小脸蛋，然后让你潇洒又可怜的背影无声地消失在黑暗中。回家后别再联系！要让她记住这个日子，而你不会主动再提起，要有一种“只要你开心，我可以经常这样对你”

的暧昧。

如果你们的关系是第四级，但恰好女神在情人节非常无聊，竟然日落东山地答应跟你一起过，那么你也最好不要准备礼物。因为礼物总归是明确的升级信号，虽然女孩在重大节日都有收到礼物的期待，但咱不能以彼此关系的疏远为代价去满足她的个人私欲。所以，各路宅男、备胎看好了，情人节对一向只是搭理你的女孩拿出精心准备的礼物，这基本上属于自杀式约会，以后你跟她再联系再邀约都会别别扭扭。倒不如把礼物的钱都风投到约会中，比如穷学生党，200 元的晚餐 +200 元的礼物，就干脆变成 400 元的晚餐，要有点儿今朝有酒今朝醉的精神——“我所有的付出，只为换你今夜的一笑，明天咱们基本还可以不认识”。

总之，备胎出位的策略不是强调你比主胎性能好，而是安全可靠不犯错，以及危难之中显身手。如果你对别人的吸引力确实有限，而缘分又让你们有机会短暂相处，那么就好好活在当下吧！至少尽量避免苦大仇深地破坏气氛，有时候最感性的做法恰恰也是最理性的做法。

什么时候应该放弃一直追不上的女孩

经常有读者这样问我：

“跟搭讪认识的女孩发了几次微信都没回复，要不要删号？”

“跟女孩聊得还可以，但就是约不出来，还要不要继续？”

“跟女神交往快一年了，约会很多次，礼物送不少，也牵手过，但还是不接受我，要不要放弃？”

…………

这些求助者的苦恼具体可以分为三部分：

一、精神压力。期待越多，失望越大，严重影响正常生活。

二、经济负担。请客吃饭，有时候还送礼物，时间久了，谁都会心疼钱。

三、机会损失。为了表现对爱情的专一，拒绝接触其他异性，可眼看自己年龄越来越大，心中难免惶惶不安。

坚持，就意味着要继续投入，且结果还不确定。放弃，则意味着之前的付出全部打水漂。到底该怎么选择？

要想清楚这个问题，还是先从咱们的分层升级理论说起。了解“魔鬼约会学”的朋友都知道，男女交往从完全陌生到亲密无间分成四个阶段：搭讪关系—认识关系—朋友关系—情侣关系。我说过，所谓关系的意义就是双方共同认可，如果有任何一方不认可，关系则不存在。

但是，很多人在陷入感情旋涡之后，他们会设想出一种虚拟的关系——追求关系。

说它虚拟，是指男人认为我追她，我跟她就是追与被追的关系；但女性会说，虽然这个男人在追求我，但我并不因此跟他就有追求关系。

这件事从逻辑上挺难理解，我来做个比喻吧：你看到有个人在街上跑步，然后你开始在后面追着他跑，很快那个人发现你在后面了，但如果你因此就认为他是在逃跑，你就是在虚拟你们的关系。

很多女人跟追求者的关系也是这样，她虽然知道你在追她，但她平时跟你聊微信、跟你一起吃饭的理由，还是因为你们是朋友，并不是说你在追求，人家跟你交往就是在进行择偶了。所以，当有些男人由于坚持不住而找女人摊牌、让女人选择的时候，女人都会一脸疑惑：我是和你吃了几顿饭，可我跟你有关系吗？（当然，也有部分女孩认可追求关系，但认可的结果往往对男人更糟，我们后面再说。）

男人认定了追求关系之后，他就觉得应该有相应的表现方式了——既然是追，我就要像个追求者的样子。

追求者的样子应该是什么样呢？主要就是要对她好，要专一，要诚心，要体贴，还要百折不挠，更要经常聊天，要经常邀约，没事问问有什么需要帮助，还要不时送点小礼物……总之，要让她看到一个合格的未来男友。还有，当她对我态度冷淡的时候，我要表现出迎难而上、坚持不懈的决心，因为她可能是在考验我，如果我就这么轻易放弃，那又如何才能表明对她是真心的？

以上这些想法，对没有恋爱经验的人来说几乎是天经地义的，但其实却是导致他们承受物质负担和精神痛苦的重要原因。好比有些男人跟相亲认识的对象天天打电话，实际上彼此没那么多话说，但男人觉得不打不合适，所以是硬着头皮联系。

按照分层理论，交往中的男女只有四种关系，并不存在第五种追求关系，且在每一个关系阶段内，双方都应该是平等的。仍以上面相亲的例子来解释，即使我们是相亲认识的，只要还不是情侣关系，那么就没必要天天电话。

追求关系的害处是把女人和男人变成了甲方和乙方，变成了一种“我有求于你”的关系。一旦进入了这种关系，那么只有我先达到了你的标准，才可能让你也来满足我的需求，于是，“追求”

就成了一个单方面自我证明的过程。

但问题是，很多现代女性根本就不认可追求关系，她们接受的择偶方式是，大家在平等基础上的相互了解，先从朋友做起，如果彼此感觉不错，就靠得近点儿，如果没有感觉，咱就保持距离。

这里我们把上面说过的精神、经济、机会统一归纳为追求成本，纯粹的相互了解不会让追求者预支大笔成本，只有单向证明才会有一方需要先期大量投入。

那为什么单向证明会是有些男性在追求时的本能反应呢?

有两个原因。其一，传统观念的影响。过去那种小范围的社会模式，人终其一生只能接触到有限的性对象，这时候使用“诚意”是合理的。遇到心仪对象，就把你的“诚意”（背后就是你的资源）一股脑地投入进去，由于对方能够接触的性对象也有限，所以她也愿意通过这种方式进行考察了解。其二，男人的欲望本能。在男性看到女性的第一瞬间，欲望被激发之后，男性便有一种想要占有的冲动，这时候他们根本不需要“再去了解”，他们只想通过“豪赌”式的付出立即得到目标。

但是，这种单向证明导致的其实是男人跟男人之间的竞争，就像狮群和猴群，雄性要想占有雌性，那就先把其他雄性制服，然后赢家通吃。古代社会虽然看起来是男方提亲让女方家庭选择，但实际上还是财大势大的男方家庭说了算。

而现代社会已经不是这样的模式，恋爱的本质变成了女人自己的选择，男追女有点儿像找工作。你想去一家公司，不可能先把所有其他应聘者干掉，或者威胁他们不去应聘，你只能让招聘者认为你比其他应聘者都优秀才能被录用。

不过问题是，虽然你已经不会傻得那么原始，但你的傻一不留神变成了另一种方式。比如，为了显示你的诚意，你跟招聘的人说，我认定你们公司了，我一定不会让你们失望，让我为公司做点儿事情吧，开始不需要工资，甚至我倒贴也行，只要给我个机会，让我来证明自己的能力配得上公司。

这时，你可能遇到三种主管：

第一种，很有原则、很强势，她直接让你这种人滚蛋，因为你扰乱了人家的工作程序。

第二种，主管抹不开面子，又有点儿糊涂，于是就看着你每天来公司帮大家开门、扫地、收拾垃圾。有时主管过来劝你别这样了，说要根据应聘者的能力公平选择。但你笑笑说没关系，我愿意。

第三种，主管很鸡贼，看到世上有你这样的傻子觉得不用白不用，不但让你每天过来免费上班，甚至还主动给你指派一些任务。时间就这么一天天过去，公司还是没有任何动静，你开始不淡定了，免费工作干久了受不了啊，更何况你还经常看到其他应聘的人进进出出，时刻威胁着你未来的地位。现代女性择偶的方式，恰恰也越来越接近于公司招人。

所以，经过总结，问题的逻辑是这样：传统社会小范围社交模式（封闭市场）——导致追求关系存在（彼此都会认可）——现代社会大范围社交模式（开放市场）——导致追求关系不再存在（女性不再认可）——执着于追求关系的男人承受不起单向预支成本。

结论：不是放弃目标，而是抛弃一厢情愿的追求关系。男女都是平等的，喜欢就保持联系，等待彼此认可的时机，在时机未到时，没必要在物质和精神上大笔投入。没有大笔投入，自然也就没有了压力和痛苦。

话说回来，即使在现代社会，有一部分女性也依然认可追求关系，但她们最终还是会为了自己的利益冷酷选择。这种人就有点儿像上面比喻的第三种主管，在交往过程中，对男人的各种付出欣然接受。她们的想法是，你愿意这样追那就尽管来吧，至于结果如何我不保证，但礼物可是不会退还的，花销更不会跟你 AA 制。所以，遇到这样的女人，只会让认定追求关系的男人更加倒霉。

正常的现代女性在择偶过程中非常注重相互了解的必要性。相互了解并没有确定的时间，而是双方都自愿了，才进入下一阶段。而有些男人虽然表面上看起来有耐心，但其实想的却是“到底什么时候可以有结果”。

时间的不确定性意味着女性选择的自由，但到了男人那边，时间长短只是赌注的大小。在咨询中，我不止一次遇到这样的对话，当我告诉来访者“你只能等待对方的变化”时，他就说：“我可以等，但老师你能告诉我要等多久吗？”（我可以赌，但老师你能告诉我要赌多大吗？）

所以，从这个角度讲，真正的恋爱高手与玩弄套路无关，他们只不过是一些自觉认同并履行现代社会两性交往规则的人。当恋爱高手喜欢一个女人时，他会主动开启交往，但如果对方回应不积极，他就继续自己的生活，然后等到下一个时机再次主动试探。在整个过程中，他不会让自己陷入焦虑的等待和失望之中，生活的每一分钟都是自己的，不是为某一个追求对象而存在。

在物质付出上，恋爱高手也是如此，他们会选择与自己消费能力匹配的交往对象，在交往时保持自己平时的生活习惯。如果需要额外的付出，那么前提也是对方在你们的关系中进行了投入（不一定是物质投入）。

送礼物应该是彼此都表达过了情意好感之后的锦上添花，而那些在追求对象还没有任何付出就送礼物的行为，除了赤裸裸的讨好和收买之外，没有其他意义。

曾有个理论号召男人不要做好好先生的同时，还主张诱导女人投资。但稍微有点儿生活阅历的人都知道，诱导女人投资在实际操作上的局限性和风险性。基本上只有特别弱智的女性才会上套，稍微聪明点的女性都会因此厌恶你，所以诱导投资的伎俩往往得不偿失。其实这条理论也有可取之处，那就是当女人愿意在关系中投入时，男人不要推托客气，欣然接受最好。比如，当女孩说："周末我去找你吧。"你就回答："好啊，那我等着你来。"但传统好男人会条件反射地回答："不用了，还是我去接你吧。"白白错过一次让她付出和让关系走近的机会。当她风尘仆仆来找你时，你手捧鲜花等着，这就是一次绝好的对等付出，对关系的发展大大有利。你非要自己带着礼物去找她，你们的关系只能更加不平衡。

不平衡的关系一定也是沉重的关系。背负着沉重的关系，时间久了，你自然会纠结坚持还是放弃。平衡的关系不仅让你自己轻松愉快，更为关键的是，平衡还有助于关系的推进。

最后，咱们回到本文开始的三个问题。

"跟搭讪认识的女孩发了几次微信都没有回复，要不要删号？"

答：如果她的微信号在你的通讯录里让你觉得不舒服，你的心态倒是应该再锻炼锻炼。其实你只需问自己一个问题："如果她对我有兴趣，那我对她还有兴趣吗？"如果答案是有兴趣，你就别删，拉长战线，隔几个月联系一次，对方绝不会因此烦你。如果烦你，她自己会删你的号。保不齐哪天，姑娘就搭理你了。

“跟女孩聊得还可以，但就是约不出来，还要不要继续？”

答：同理。可以减低联系频率，有一搭没一搭地聊着和约着，不用天天绞尽脑汁如何聊、如何约，这样你也不必付出太多精力和期待，保不齐哪天姑娘就跟你出来了。

“跟女神交往快一年了，约会很多次，礼物送不少，也牵手过，但还是不接受我，要不要放弃？”

答：同理，降低约会频率，尤其不要再送礼物，如果还让牵手就继续牵手，约会完了就好好过自己的生活，有机会接触其他异性也别错过。重大节日可以提前优先约她，她不出来就约别人，别让自己在一棵树上吊死。

一句话，学会了控制追求成本，坚持还是放弃就是个伪命题，只要我们对那个女孩有兴趣，理论上就永远没必要放弃。

如何控制追求成本，高手教你三件事。

一、精神成本。所谓“喜欢”，有个客观指标，就是当你不跟她发生交流的时候，她占据你脑海的时间。精神压力主要是因为当你跟女神不发生交流时，你总是想着女神，但女神基本不会想着你。高手追女孩，交往结束就随时放下，等到关系逐渐发展了，彼此思念的时间再同步增加。所以，高手会主动出击，但绝不会有精神压力，就这么简单。

二、经济成本。高手追女孩时的开销不会跟他自己的日常开销有太大差别，比如他自己生活的月开销是5000元，那么加入了追女孩这个项目之后，初期开销也不过是6000元，增幅一般不会超过20%。但很多人一旦开始追女孩，月开销立马增加50% ~ 100%，他们是拿出下聘礼的方式在追一个完全没有任何承诺的对象，时间久了，自然吃不消。

三、机会成本。在追求的女孩正式接受自己之前，高手不会拒绝跟其他有好感的女孩交往。有人会说“这样的追求太不专一了”，但追求本来就与专一无关，追求的准确意义是“主动争取相互了解的机会”，只有在双方经过了解彼此接纳，且有了正式承诺之后，才谈得上专一。

第 二 章

交流的艺术

傻瓜撩妹聊天指南

拍照有傻瓜相机，撩妹能不能有傻瓜聊天法？

跟女孩聊微信，很多男士只有欲望没有章法，聊天时要么一筹莫展，要么就胡说八道。还有些男士，平时跟人交流没有问题，可一旦遇到心动对象，聊天就开始犯各种错误。

有没有方法可以在心动的姑娘那里正常发挥呢？跟她们在微信上怎么建立联系、拉近关系？又如何打开话题，活跃气氛呢？

这篇文章不是告诉你聊什么话题管用，事实上这类问题的解决之道从来都不是依靠话题，但普通人总喜欢从直觉上这么认为，觉得话题对了一切就迎刃而解。这篇文章会从一个新的角度给各位提供一个可操作的流程。我甚至觉得，这个方法将来写在人工智能的程序里都未尝不可。不过，在阅读本文之前，你需要先了解几个知识点。

一、“三三法则”。

二、“如何成为一个善于社交的人”中交流的三层次（态度、情绪、想法）理论。

三、“对话中如何调动情绪——魔趣法则”。

虽然本文的标题是“傻瓜撩妹聊天指南”，但实际上这是一篇严肃的方法论文章，甚至有点儿学术性和烧脑，针对的是真正有需求的读者。

在进入正题之前，我需要再跟大家讲讲态度、情绪、想法三者的关系。

先看一个常见的情场小白问题：搭讪时，姑娘不说话该怎么办?

在这些小白的眼中，要搭讪的姑娘似乎只有说话和不说话这一个选项。实际上，同样是不说话的姑娘，对搭讪自己的男人可以有不同的态度。咱们要先把态度看清了，才能解决接下来的问题。

所以这个问题的答案应该是，如果女孩是礼貌或友好的态度，“不说话”就好办，但如果女孩是敷衍或冷漠的态度，“不说话”就不好办。

接下来，按照交流的三层次理论，在一个人的态度背后，还有情绪和想法。

只有对方先有了友好态度，我们才有机会了解和响应对方的情绪，也才有机会进一步了解对方的想法。而如果对方对咱们连起码的礼貌态度都没有，我们就很难了解其真实情绪，或者即使了解了，人家也不会跟你有情绪互动，更别提继续交流想法。

情绪和想法都是当事人自己的事情，甚至有些时候，有些人还会掩饰着不让别人知道。态度则是当事人愿意让对面的人收到的信息。比如，你跑到女孩面前想要搭讪，结果女孩瞥了你一眼就扭头躲开，但即使这匆匆“瞥一眼”，也是女孩向你表达的一个明确态度。女孩是在告诉你“我不想跟你有交流”，这种时候，你再试图表达“感觉你不是很开心”（情绪交流）或者“你是不是把我当成坏人了”（想法交流），其实都无济于事。

要想跟一个人展开交往，从处理（识别和响应）对方愿意让你得到的信息（也就是态度）入手才是正确的做法。但很多直男，由于对目的太过急切，往往都跳过态度这一步，直接去探求对方的想法，结果是常常大失所望。这也正是他们在社交中低情商的表现。

情商的学术定义是识别和响应他人情绪，以及表达和控制自己情绪的能力。但实际上，在人际交往中，态度比情绪起着更为重要的作用。如果态度就是排斥和拒绝，那么我们连把交流伸展到情绪层面的机会都没有，当然更别提深入到想法层面了。我们平时所说的恋爱中的低情商，通常是指双方已经有了亲密关系，也就是说交流已经到达了情绪层面，只是男性不会响应女方的情绪。但是，在追求过程中所谓的低情商，更多地表现为直男们连女方的态度都不会识别。

搭讪时遇到“不说话”的女孩，态度可能是友好或礼貌，也可能是冷漠或敷衍。友好或礼貌的态度背后，一般是害羞或尴尬的情绪（因为态度友好，所以你才有机会知道情绪，并且你也可以响应）。而冷漠或敷衍的态度背后的情绪，你作为搭讪者是无法判断的，并且对方也不想让你知道。这时，你要再去猜测别人的情绪就会显得自以为是和令人讨厌。

通常来说，遇到敷衍或冷漠态度的“不说话”，在匆匆而过的搭讪现场其实无法破解，所以我们只能放弃；而遇到礼貌或友好态度 + 害羞或尴尬情绪的“不说话”，你就可以通过少问多说（多说自己，多说自己的状态加感受，多说与对方有联系的积极感受）来化解——用“破解”这个词其实显得很对立、很没安全感，这也是直男通病。

因此，态度是社交的第一道门槛。下面，咱们再讲讲态度的分类。

态度从好到差可以分为热情、友好、礼貌、敷衍、冷漠、恶毒六种。

恶毒：对方的回复中包含着希望你倒霉的信息。男：“端午节怎么过的？”女：“去死吧……”

冷漠：对方不搭理你。男：“端午节怎么过的？”石沉大海……

敷衍：对方有时回复，有时不回复，回复时采用最简短的形式。男：“端午节怎么过的？”女：“在家。”

礼貌：对方就事论事地表达和回应，既不多说也不少说。男：

“端午节怎么过的？”女：“在家陪父母。”

友好：对方关于状态的表达细致而具体，或者夹杂一些“哈哈嘻嘻”的语气词。男：“端午节怎么过的？”女：“在家陪父母，还第一次自己包粽子。”

热情：对方的表达中会把“你”带进来。男：“端午节怎么过的？”女：“在家陪父母，还第一次自己包粽子，要不明天上班给你带几个？”

弄清上面这些概念，接下来咱们就可以说说跟搭讪认识的女孩（也包括其他途径认识，但尚且不熟悉的女孩）聊微信的章法了。

把握三个基本原则：

一、对方表达的态度在礼貌以下，我们就立即以礼貌态度结束交流。这时无论是另起话题还是表白解释或是插科打诨，都是严重错误。

二、对方连续表达礼貌态度，咱们以礼相待，简短交流，见好就收。

三、对方表达的态度在礼貌之上，咱们可以持续交流或者深入交流。

牢牢把握这三条原则，你的微信聊天就绝不会犯错。

下面讲具体流程。

与已经认识的女孩聊微信，这件事跟现场搭讪有所不同，因为有了联系方式，所以即使这次打不开局面，以后还有翻盘的机会，所以，不犯错、不出局非常重要。

先给大家列举三种开局：稳健做法、错误做法、激进做法。（激进做法虽效率较高但风险稍大，更适合有活力的年轻人，作为上了年纪的大叔，或者如果你自觉气质属于文静型的男子，那就先稳健开局也无妨。）

稳健做法：在跟一个不算熟悉的人聊微信的第一个回合，我们一律从友好态度开始交流（热情态度可能会显得过分，而礼貌态度又略微拘束），这是万无一失的开局方式。第一，即使女孩对咱不感兴趣或者不在聊天状态，出于人之常情，她也不会对一个表达友好的人的第一条信息就厌烦（但持续向一个不想交流的人进行友好表达，会让人家不舒服）。第二，即使女孩是一个对趣味要求很高的人，她也不会因为你的第一句话不够幽默风趣就失去耐心（只要在三五个回合内有一次风趣表达就够了）。

稳健开场的例子：

例 1：你好，我是 ×××，在 YYY 上班，认识你很高兴。

例 2：你好啊。

例 3：你好，我已经在回家的路上了，你找到要买的东西了吗？

错误做法：一上来就试图拉近关系打开话题。比如，刻意指向一个你设计好的话题，或者向对方提出要求，或者评价对方。

错误开场的例子：

例 1：×××，你好（通过叫名字增大对方回复机会的套路其实让很多女孩别扭），你觉得男人和女人谁更容易说谎？

例 2：认识你很高兴，改天我们一起出来玩吧。

例 3：你在做什么呢？虽然昨天你话不多，但我感觉你是个有故事的女孩。

以上都是容易把天聊死的开场白，错误的本质都属于表达越级：一下子跳跃了态度和情绪两个层级，直接要交流想法。如果这样都能跟一个女孩子聊起来，那就真的只能靠“缘分”了。

激进做法：上来就使用魔趣聊法把交流拉到情绪层面，并且要表达正面、积极、愉悦的情绪。

激进开场的例子：

今天心情真不错，一出门就认识了个大美女，来公司加班看领导都觉得顺眼了。（“看领导都顺眼”比之前的惯例“加班有动力”更好，因为人与人的关系更容易调动情绪和制造话题。）

下面是对方可能出现的各种回复。

稳健做法开局后：

一、如果对方的回复是礼貌态度以下，也就是敷衍态度，我们立即以礼貌态度的陈述句收场，改日再聊（通常一周以后）。

二、如果对方的回复是礼貌态度或者友好态度，那么，请注意：

1. 如果此刻有灵感，我们就使用魔趣聊法把交流往情绪层面上拉。比如，今天心情真不错，一出门就认识了个大美女，来公司加班看领导都顺眼了。

A. 上拉情绪之后，如果对方接招（热情态度或者情绪表达），那咱们也在热情态度或情绪层面继续交流，这种情况就是所谓的话题打开了，并且当天就应该邀约。比如，女：哈哈，你看走眼了吧？我觉得自己很普通啊。（有冲突）男：我再次看了你的微信头像，你骗我。（扩大冲突）

B. 上拉情绪之后，如果对方没接招，及时撤退就非常重要。（那些平时可以正常聊天但遇到真命天女就掉链子的男士，往往就是在这个环节出了问题。）

正确撤退的方法：

a. 如果对方回应咱们的是礼貌态度，咱们就撤回到礼貌态度表达，并且如果对方依旧是礼貌回应，咱们就使用礼貌态度的陈述句结束聊天，也就是所谓的三三法则的交流方式。

b. 如果对方回应咱们的是友好态度，我们就撤回到友好态度继续交流，但是一定不要主动结束。如果双方能连续进行十个回合左右的友好交流，这次交流也可以邀约。

2. 如果此刻没灵感，我们就使用镜像原则——礼貌或者友好回应，与正确撤退的 a/b 方法相同。这里特别强调灵感的重要性，灵感是你个人状态结合具体话题的结果，最终要落实到感觉是否到位上面，千万不要为了拉动情绪而生搬硬套魔趣聊法。

激进做法开局后，与“二、1.”的方法相同。

流程到这里就讲完了，或许大家看完后觉得原来就这么简单呀。的确，跟女孩的聊天规则并不复杂，“撩”这个字其实很形象——轻轻试一下，不行就撤，这正是稳妥又高效的追求方法。但不幸的是，很多男士遇到了心动对象往往控制不住自己，总想马上推进关系，一撩再撩，最后把好端端的机会破坏殆尽。本文所提供的聊天方法则像一本安全参照手册，提醒你不会由于感情用事，而在追求之路上偏离航道。

下意识的语言模式

先看两组追女孩时的常见对话。

对话 1

男：周末打算怎么过？

女：在家休息。

男：这么好的天气应该出门呀，我和朋友们正商量去郊游，听说 ××× 挺不错。

女：那祝你们周末愉快了。

对话 2

男：终于下班了，你在做什么？

女：感冒了，刚从医院回家。

男：最近是流感高发期，要多加小心，我们办公室不少同事也中招了，今天公司还给我们发口罩呢。

女：没事的，谢谢关心。

以上对话的结尾，“周末愉快”和“谢谢关心”是追女孩不顺时经常会遇到的回答，稍微有点儿情商的人都能体会到，一旦女孩说出这样的话，就好像主人要“端茶送客”一样，今天的会客就到此为止了。

当我意识到这类口号式的语言有结束谈话的效果时，我曾经打算尽量不用在自己的朋友那里。可是有一次我正准备出门赴约，一个很久没有联系过的朋友突然在QQ上跟我打招呼，他兴致勃勃地讲起了自己的创业计划。我刚开始还挺有兴趣听，并且问了些简单的问题，但他越讲越详细，话题越来越收不住。眼看时间来不及了，我打算结束谈话，可直觉告诉我如果此刻对他说我要迟到，恐怕会显得突兀，于是我试着不再说话，只用表情符号回复，但这样并没有抑制住他的表达欲。突然间，我发现口号式的语言才是这种情况下最好的选择，于是我在他讲完又一段宏伟蓝图时及时插入一句：“那就祝你成功了。”朋友的情商倒也不低，他立马回答：“嗯，但愿如此，有空再详聊吧。”于是我这才终于下线。

这次经历让我有一个发现，那就是在交谈的时候，愿意聊天的人总喜欢把话题说得更具体，而不想聊天的人则会顺着话题的方向直接概括出结论，言下之意是，“我已经都知道了，你不用再多说”。

在魔鬼约会学里，我们把概括化的语言模式称为“上推”，把具体化的语言模式称为“下切”。上推就像在对话中升起一个防护罩，拉开了你和对方之间的距离，而下切则能传达出更友好、更信任的态度。

需要强调的是，上推并不一定是因为不愿交流，比如宅男面对自己的女神，虽然内心很想多聊，但由于过分紧张，说出来的话却经常是上推的，结果导致交流冰冷生硬。所以，更准确些说，上推的原因应该是内心的不安全感。

例 1

男：你下班后喜欢做什么？

女：最近在学瑜伽。

男：哦，瑜伽很好。（评价总结式的上推）

例 2

男：今天一起吃饭吗？

女：要加班。

男：哦，那改天再约。（解决问题式的上推）

反之，人在安全感高时的表达往往都是下切的。比如有些阅历丰富的女孩，即使面对自己不喜欢的男人，她们也能从容不迫、游刃有余地应付。如果仔细分析她们的语言模式，就会发现关键时刻她们说话都会带有下切。

男：周末打算怎么过？

女：在家休息。

男：这么好的天气应该出门呀，我和朋友们正商量去郊游，听说 ××× 挺不错。

女：太羡慕了（下切感受），可惜我还要收拾屋子（下切原因），祝你们周末愉快了。

那么为什么人在安全感低的时候语言模式会上推，而在安全感高的时候语言模式就会下切呢？

因为上推属于男性思维的一种，下切属于女性思维的一种，男性思维是人在低安全感（应激状态）时下意识会采用的思维方式，女性思维是人在高安全感（自然状态）时下意识会采用的思维方式。

之所以把应激状态时的思维方式叫男性思维，是因为男人的生活多处于这种状态；之所以把自然状态的思维方式叫女性思维，是因为女人的生活多处于这种状态。但是，当女人处于应激状态的时候也会使用男性思维（职场上咄咄逼人的女人），当男人处于自然状态的时候也会使用女性思维（酒桌上喋喋不休的男人）。

所谓应激状态，通常都有一个明确目标，或是进攻或是防御，或是获取或是逃避。为了有效地完成任务，我们只关心跟目标相关的事物，并且尽量找出它们之间的因果关系。我们需要经常预测未来的走向，即使关注过去，也是为了探寻动机以便进行推理。面对一个现象，我们会马上抽象出它与目标相关的特质，设想它的各种可能性，并且让自己做出相应选择。

作为适合应激状态的男性思维，其语言模式具有如下特征：上推、抽象概括、做出评价、解决问题、探求动机、预测未来、建立因果、推理总结、防御否定、目的优先、结果导向、以客观为标准。

所谓自然状态，则是一段与目的无关的过程，我们会关注情境中的每一件事物，收集它们的信息，但这样做并不是为了下一步，而是为了保持眼前的和谐。面对一个现象，我们会了解它的细节，以便把握它与整体环境的关系。我们也会关注过去，但那只是为了从以往的经验中获得参照来确认当下的状态。自然状态并非拒绝事物的发展和变化，只不过不去人为干涉而已。

作为适合自然状态的女性思维，其语言模式具有如下特征：下切、具体细节、表达感受、描述问题、关注过去、对照眼前、罗列现象、就事论事、开放肯定、忘却目的、活在当下、以自我为标准。

同样一个情境，对于有些人可能属于应激状态，对于另一些人却可能属于自然状态，这取决于当事者的生活经验与性格个性。我们既可以通过别人采用的语言模式来判断他们属于哪种状态，也可以通过主动选择语言模式向别人传递出我们处于哪种状态。

以搭讪为例，搭讪对很多人都属于应激状态，所以那些缺乏经验的人往往会表现出典型的男性思维。

例 1

男：认识一下可以吗？

女：为什么呀？

男：因为我们很有缘（抽象概括的男性思维）。（或者）因为你很特别（做出评价的男性思维）。

例 2

男：留个电话可以吗？

女：这样感觉好唐突……

男：人不都是从不认识到认识的吗？（防御否定的男性思维）

例 3

男：你在等人吗？

女：在等我男朋友。

男：那咱们可以做个普通朋友吗？（解决问题的男性思维）

例 4

男：我想认识你。

女：可以呀！

男：那留个电话吧！（目的优先的男性思维）

接下来再看看有经验的人在搭讪时，是如何使用女性思维来传递安全感的。

例 1

男：认识一下可以吗？

女：为什么呀？

男：刚才在电梯旁看见你，突然觉得如果不过来跟你说句话的话，我今天一定会后悔。（具体细节的女性思维）

例 2

男：留个电话可以吗？

女：这样感觉好唐突……

男：我也觉得有点儿唐突，但实在很想认识你，找不到其他办法了。（表达感受的女性思维）

例 3

男：你在等人吗？

女：在等我男朋友。

男：你男朋友真有福气，能让女朋友等着。（就事论事的女性思维）

例 4

男：我想认识你。

女：可以呀！

男：我今天恰好路过这里买些东西，你也是专门来逛街的吗？（活在当下的女性思维）

应激状态与自然状态既是我们应对外界的姿态，同时也决定着我们的心理状态，所以语言模式与心理状态也有着一定的相关性。

拿说谎者来说，比如被妻子盘问的出轨丈夫，掩盖真相的目的再加上紧张的心态，会让他们的语言模式呈现出明显的男性思维。

妻子：昨晚干什么去了？

丈夫：跟朋友吃饭。（抽象概括的男性思维，如果是女性思维表达，会把那个朋友的信息讲得具体一些：“我跟我们部门的 ××× 一起去吃饭了。”）

妻子：真的吗？

丈夫：骗你的话，我天打雷轰。（转到未来的男性思维，如果是女性思维表达，会回到过去：“真的呀，我们昨晚在 YYY 吃的。”）

妻子：还敢撒谎，昨晚我就在 YYY，根本没看到你！

丈夫：你竟然这么不信任我！（探求动机、否定防御的男性思维，如果是女性思维表达，会进一步针对客观事实进行解释：“亲爱的，YYY 最近新开了分店，你去的是哪家呢？”）

需要强调的是，一个被冤枉的好人由于极度紧张也会导致男性思维，而一个有经验的说谎者也可能会使用女性思维，所以我们并不能单凭语言模式就断定真伪，语言模式只是我们了解说话者心理状态的一个途径。

在对付女性思维的对象时（女人或群体），男性思维也并非毫无用处，不过既然是应激状态的工具，就应该用在刀刃上。我个人十分喜欢的一部电影《福斯特对话尼克松》里有这样一场戏，记者福斯特现场采访尼克松，福斯特先声夺人地质问道："你承认把美国带入深渊了吗？"紧跟着就播放大段灾民流离失所的战地录像。按说如此下切的内容已经把总统钉死在案板上了，但尼克松一个出乎意料的上推——"全都是我们的对手干的，这就是战争的残酷性"——把对画面的解读完全引向了相反的方向。接着总统又是一个漂亮的下切，他说出了一大堆缴获敌军枪支武器的具体数字，最后再充满深情地讲了一个故事："我在匹兹堡遇到一个断臂的退伍军人，他用剩下的一条胳膊握着我的手说，如果你们再早一点儿出兵，我弟弟就不会被那帮暴徒杀死了。"就这样，政客用上推、下切的组合拳把记者打得落花流水。

所以，如果使用男性思维，那么最好要具备鲜明的观点或者独特的视角，而那些人云亦云的道理或者显而易见的结论其实不讲也罢，但宅男跟女孩子的乏味聊天却往往都是在重复这个毛病。

比如在向女孩要电话的时候，女孩问："为什么要给你电话呀？"即使同样都做上推式男性思维的回答，"因为我不是坏人"就比较俗套，而"因为你不是坏人"则比较有趣。

有一次参加聚会，我的一个哥们儿这样向他的朋友介绍我：

“这是阮老师，他的女朋友数量是我的十倍！”按正常思维，可能这种情况下大家都会回答：“别听他胡说，我的女朋友没这么多。”但是按照使用独特视角来处理冲突的男性思维方式，我当时是这样回应的：“别胡说，你的女朋友有这么多吗？”

作为听话者，语言模式的最大用处是帮我们判断说话者的心理状态，但前提是对方并不打算刻意欺骗，所以这个方法尤其适用于男女关系的初期阶段。因为在没有利害关系的交往初期，女人没必要对追求者口是心非。尽管她们也经常有话不直说，但那是因为你对她而言还不具备个体意义，你只是她某一种社交关系的成员之一，她要用对那一类人说话的方式对你说话。可是缺乏经验的追求者却往往由于错误定位自己在对方心目中的位置而曲解女孩所说的话。所以，在这种情况下，语言模式就是我们进行理智判断的好帮手。

如果有女人说：“不要再喜欢我了，喜欢我会让你受伤，我现在不想伤害任何人。”

听到追求的女孩这样对自己说话，很多男人的第一反应是表忠心的时刻到了，于是各种赴汤蹈火的豪言壮语外加故作轻松的俏皮话就奔涌而来。但是，应该先冷静地分析一下女神的语言模式：1. 不要再喜欢我了（明确的指令）；2. 喜欢我会让你受伤（未来时 + 警告）；3. 我不想伤害任何人（上推）。

显而易见全是男性思维，人家充其量是在跟你坦诚相待、有话直说，千万不要以为女神是有苦难言，在用反语暗示你来英雄救美。这时候最合适的回应可以是："好吧，我都听你的，你好好保重，等想伤害人的时候从我开始。"

而作为说话者，恰当地选择语言模式可以让交流发挥更好的效果。对此，我的粗浅经验是，在没有冲突（或者灵感）的时候，多使用女性思维，至少可以气氛友好；在有冲突（或者灵感）的时候，要使用男性思维，这样才能确保优势（或者有趣）。

曾经有人问我，热恋中的情侣常常会说"让我们永远在一起吧"，不知这个表达属于男性思维还是女性思维。经过长时间的思考，我认为这依然属于男性思维，这句话同样暴露了害怕失去眼前美好的不安全感。因为曾经拥有，所以想要更多，这本质上也是一种贪婪，而贪婪正是男性思维的一种。

最后总结一下：男性思维适合解决问题矛盾，女性思维适合处理人际关系。仔细观察生活，你会发现那些厉害的人物往往能将两种思维方式自如切换。西方有句谚语说：伟大的灵魂都是雌雄同体的（西方的表述方式很男性思维）。而咱们古老的东方智慧则是这样形容的：男人上年纪后，长得像老太太模样是福相（东方的表述方式很女性思维吧）。

最新街头搭讪指南

本文只讨论在街头、商场、地铁这类公共场所的搭讪方法，属于难度最大的搭讪场景。为什么？因为这些地方陌生人的戒心最重，下面我先给大家讲个活生生的例子。

有一次，我跟一个女孩约在北京王府井的东方新天地外见面，女孩上了我的车之后突然想起刚在商场里买的衣服忘在柜台了。我说："你去取吧，一会儿咱们电话联系。"女孩一进商场我就发现她的手机落在我车里了。由于王府井一带不能路边停车，我就把车开到小路里面等她，这一等就是半个多小时。直到最后接到女孩用座机打来的电话，才重新约好了地点接上她。

上车之后，女孩一路感叹，原来她取好衣服走到外面时发现没带手机，然后就想在广场上借用路人的手机联系我，但没想到这成了一个不可能完成的任务。一开始她向女人借，没人理；后来向男人借，也没人理；再后来向情侣借，还是没人理。她最后求助摆报摊的大叔，说付钱用他的手机打个电话，那个大叔还是笑一笑摇摇头。无奈，她走回商场，找了几家专卖店借电话也都碰壁了（她买衣服的那家店在商场另一头，因为太远所以没去）。绝望之际，她走进人头攒动的麦当劳，跟柜台前的服务生说了自己的情况，没想到人家很痛快地递过了座机，这才最终脱离困境。

说完了自己的遭遇，女孩突然感慨道："阮老师，我觉得你的工作太有意义了，这是我头一次向路人求助，才发现原来人与人之间的戒心这么重。"

抛开社会意义，作为一个搭讪专家，从技术角度来说，我是这样看这件事的：王府井乃天南地北三教九流出没之地，如同一个生存战场，本来人们的防备心就重一些。而且，历来有种说法，两军阵前有三类人不可小视——道士、妇人和孩童。所以，一个衣着华丽的美貌女子在王府井大街上说自己没手机，人民群众才不相信呢。万一你用我的手机拨了个高额付费电话呢？

站在这女孩的角度上，她可能会觉得非常难以接受。这女孩是我搭讪认识的，还是个大美女，在自己的生活中走到哪里都备受关注和照顾，可突然之间受到如此待遇，确实感受到的只有世态炎凉和人情冷漠。

再说说搭讪这件事，为什么虽然男人都爱美女，但敢于街头搭讪的却寥寥无几？说到底就是每个男人多少都有自己的社会角色和地位，可一旦去搭讪，至少在开口的那一瞬间，在被搭讪人的眼里就是个无足轻重甚至形迹可疑的社会边缘人。这可是循规蹈矩的社会人无法承受的心理压力，一秒钟都不行，所以他们只能逡巡于传统的社交模式。

下面，我先给大家讲三招最新的搭讪技巧，然后再给大家介绍一下完整的街头搭讪流程，让你随时随地不错过心动异性。

一、为什么加了姑娘的微信却没有被通过？如何避免？

根据我们大量的实践统计显示，你扫姑娘的二维码，过后等她通过，那么总会有 10%~20% 的流失率，这是无法避免的事。因为有些姑娘时过境迁回到自己的空间，转念一想，反正跟那家伙也不认识，有什么可聊的呀，于是就懒得通过你的好友申请了。

解决办法：加微信的时候你手快点儿，先主动调出自己的二维码，这样姑娘就只能扫你了，由你来通过她，成功率必须是百分之百。

二、当姑娘严肃地问“你有什么事”或者“你为什么要认识我”时，怎样回答才能大大提高搭讪成功率？

当姑娘严肃地问这些话时，标准回答是“我就是想跟你认识一下，希望以后有机会做个朋友”。但这只是正确回答的语言内容部分，在实践中，我又发现了一个对结果影响特别巨大的因素——说这句话时的面部表情。

很多搭讪的男人在向女人说出这句话的时候，面部表情不自觉地都是严肃认真的，背后的心理原因是，当我们向别人提出请求时，同时也是面临被裁决、被拒绝的时刻，因此下意识往往都会紧张。可是你别忘了，其实对方此刻并不比你放松，她们也会紧张和尴尬，所以如果你板着脸提出要求，就会暗示对方她正要答应的是一个危险请求。反之，如果你用轻松自然的笑容向别人提出你的要求，你被接受的可能就会大大提高。这个方法不仅适用于搭讪，也同样适用于生活的很多场景。

各位不妨对比一下，电影里那些老江湖、老油条在向别人提出要求时（哪怕是非分要求），都会使用这招儿。而现实生活中，没有经验的人在向别人表达合理要求时，表情却常常是僵硬的。

我们说过，“你有什么事”属于男性思维，所以回复也应该是男性思维，但那是指回复的内容要男性思维，应该简洁、干脆、直接、准确，但内容跟轻松友好的表达方式并不矛盾。

三、加了微信之后却看不到姑娘的朋友圈，这是怎么回事？如果她真把我删了又该怎么办？

首先，教大家一个验证姑娘有没有删你微信的方法，比用什么小助手群发强太多了。那种方法实在太低级，我经常在收到那种微信之后顺手删掉测试者，虽说那样的测试声明了“我是在测试”，可其实还是打扰到了别人。由于目前很多人还缺乏人际交往的基本常识，所以这种傻方法能一直流行。

下面，我教大家一个绿色环保的知道别人有没有删除你微信的办法——给她转账（不是发红包），随便输入个金额，点击“转账”，那些删除你的人就会显示“你不是收款方的好友”。没有删除你的人，下一步就该输入密码了，这时你退出即可，钱不会过去，对方也不会知道你的这些操作。

至于那些已经删除了你微信的女孩，如果你心里实在割舍不下，只要你在之前的交往中并没有做过让对方讨厌的事情，通常经过一个月或者更长时间，你再添加她（直接添加即可，不用写什么特别的话）基本都会通过。这时候姑娘往往还会感动一下，觉得你不是个一般的搭讪者，其实，你只不过是坚持看了魔鬼老师的文章而已。

接下来讲讲完整的街头搭讪流程，这回让我们通过一系列常见问题来逆推答案。

搭讪成功的标志是什么？

答案：得到对方的联系方式，最好是微信，其次是电话和QQ，最差是电子邮箱。得到联系方式是为了以后你们能再见和发展关系。

什么时机可以向对方要求交换联系方式?

答案：只要对方用“友好态度”跟你交流了三分钟以上，你提出交换联系方式的成功率就可以高达 90%！

友好态度的指标是什么?

答案：最低标准——友好表情包，不需要对方说话，只要她微笑着听你说三分钟的话，就算得上是友好态度了。

如何才能自言自语三分钟?

答案：搭讪时最好的闲聊其实就是人生三大基本哲学命题——我是谁、我从哪儿来、我来做什么。但是，说得要具体，下切才会自然可信，比如，“我刚才正在星巴克排队，突然看见你从电梯上缓缓下来，你接电话的那个样子太可爱了，简直可以做手机广告。那一瞬间我突然觉得，如果能认识你今天一定不白过，于是脑袋一热就从队伍里跑了出来，就是想跟你说句话。”说得慢一点儿，再带点儿表情和肢体动作，绝对能凑足三分钟。另外请记住，结尾语一定要落在“想跟你说句话”而不要是“想要认识你”，后者是祈使句，容易让对方有压力。

搭讪时，如果对方问“你是推销的吗”，该怎么回？

答案：之所以把这个问题也列进来，是因为很多男生看了网上的错误方法，照本宣科地回答：“不，我是来推销自己的。”说实话，这是个相当傻的回答，很容易让女孩尴尬。正确对策是：

一、不要只说“自己不是什么”，而是借着机会说出自己“是什么”。

二、要说自己的职业才能增加安全感和信任感，说“推销自己”不但跑题而且情感过度。

三、说正经内容不等于就要用死板方式，比如，说“我不是推销的，我在百度工作”就不如说“哈哈，看来我还适合做推销啊，那等百度倒闭了我马上转行”。同理，如果女孩说“还以为你是做头发的”，你用这个句型回答，喜感就会更强。

为什么你一凑近女生，还没来得及开口人家扭头就走？

答案：80% 失败的搭讪在第一秒内就决定了。可另一方面，如果女生知道眼前这个男人其实只是出于对自己外貌的欣赏而过来认识一下，至少她会感觉开心，对你也应该态度友好。但为什么真实情况并非如此呢？因为目前大多数公共场所，人与人的安全感非常低，我们从小就被教育“不要跟陌生人说话”，那些主动接近陌生人的不是推销就是骗子，搭讪美女的男人中还有不少是色狼和变态。作为一个男性，你很难想象一个青年女子在她的成长过程中遇到过多少变态，所以美女们用剑拔弩张的态度对待每一个接近自己的陌生男人也是情有可原的。在这种情况下，街头搭讪时我们的初始原则只有一条：尽量让自己的形象和姿态有别于女性讨厌的那些人，这与西方流派所宣扬的搭讪时要展示自己的风趣幽默和独特个性有着本质区别。比如以下几点：

一、搭讪时我们都是从后面追上去，而不会迎面拦截，就是因为迎面拦截是推销员最常用的跟路人说话的方式。

二、不要长时间近距离跟在女士的后面，因为色狼和变态都是这样。

三、要“先见其人，再闻其声”。错误方式是走到女孩身边立即开口，女孩还没注意到这个人就听到了他的声音，而且通常根本听不清说话的内容。更为关键的是，推销员也是这么做的，所以女孩会本能地排斥“未见其人就闻其声”的陌生人。正确的方法是尽量先跟对方四目相对，有过一秒钟的眼神交流之后再开口。

四、说话时，你的身体要正对对方，而不能侧着身体、扭着脖子，只用脸正对对方说话，这些错误做法都是当男人心态不够强大时的习惯行为。扭着脖子跟人说话，说明你的下意识并不想与对方坦诚交流，只是打算蜻蜓点水试那么一下，不行就走，也不会暴露自己，那些街头卖假发票的人经常都是这样凑过来说话的。

五、还有最关键的一点，走到对方面前说话时必须保持安全距离。保——持——安——全——距——离！！！这是很多男人打死都做不到的事。为什么？因为他们自己心里有鬼，害怕被周围人看出自己在搭讪，于是下意识总想跟女士凑得近点儿。因为离得近了，说话声还能再小点儿，不被别人听到……但这样做的结果是，女人看到突然凑到脸前的陌生男人，第一反应就是恐惧和厌恶，想立即躲得远远的。

安全距离的标准是什么？

答案：你伸直胳膊，正好够不到对方身体的距离就是你跟她的安全距离，再远了也没必要。

为什么以上要点我都做到了，但搭讪成功率还是不高？难道这真是一个看脸的世界？

答案：我可以非常负责地告诉各位，在搭讪这个环节，女人看男人最重要的不是颜值，而是穿着。穿着看顺眼了，至少可以先做朋友。至于如何穿着才能让你想搭讪的女性觉得顺眼，这无法用文字来表达，但有一个基本原则适用于大多数情况，那就是作为一个主动搭讪的男人，你的衣着一定要干净，干净干净再干净！而且面料不要皱皱巴巴、松松垮垮。

这并不是一件可以轻松做到的事情，因为衣服不勤洗，就容易不干净，洗多了又容易变形，变得皱皱巴巴、松松垮垮，所以保持衣着的清洁和质感需要投入一定金钱。记得网上曾经有个争论，说中国男人从外形上配不上中国女人。我觉得这个论点有吸引眼球的嫌疑，如果换个客观些的标准，比如“大多数中国女人的衣着比大多数中国男人的衣着要干净，而且没有那么皱皱巴巴、松松垮垮”，这个命题一定是成立的。与之对应的就是外国女人与男人在衣着这方面的差异就没那么明显。

当然，说到这里，有些人就会找理由来解释了，比如中国男人生存压力大，没那么多时间和金钱放在自己的外表上。换句话说，不是自己不愿意，而是客观条件不能。对于这样的观点，我其实无力辩驳，但反过来是不是也可以说明，搭讪恰恰属于那些生活达到一定水准之上的男人才可以拥有的社交方式？

搭讪常见问题分析及对策

归根结底，对于搭讪这事，勇气和行动最重要，本人之所以孜孜不倦分析细节，主要还是出于对人的心理活动的兴趣。街头搭讪就像一个有趣的实验，它可以把男女交往的社会因素影响降至最低，却可以让我们明白好感、行为以及结果之间的关系。

搭讪时要结合女孩讲话的内容和态度去判断她的思维状态，然后采用相同的思维模式与之对话。

一、“为什么想要认识我？”

如果说话时女孩态度友好、和蔼、面带笑容，那么就属于女性思维状态，她实际想表达的是“发生了什么事情使得你来到我的面前”。女孩关心的是当下以及过去的事情，所以此刻应该采用女性思维模式，描述当下状态并且表达自我感受，如“刚才看到你，感觉挺不错，一冲动就跑过来想跟你说句话”。用女性思维对女性思维，可以让对话产生轻松友好的气氛，有助于增加彼此的安全感和熟悉感。

如果说话时女孩态度严肃、冷漠、心怀戒备，那么就属于男性思维状态。她实际想表达的是“你跑过来跟我讲话的真实目的是什么”。女孩关心的是未来的事情，所以此刻应该采用男性思维模式，说出你行为的指向结果，如“刚才看到你感觉不错，就想跟你认识一下，将来或许可以做个朋友”。用男性思维对男性思维，先把你的目的明确说出，再让对方做出选择，如果她认可你的目的，搭讪就有可能成功。但如果此刻你用女性思维回答，比如“就是想跟你说说话聊聊天”，那么被拒绝的可能性接近 100%，因为说话聊天只是状态不是目的，女孩会认为你避重就轻，心怀叵测。

二、“你有什么事？”

女孩说这句话时多数态度严肃，少数态度友好，但 100% 都属于男性思维，所以正确的回答也应是男性思维，如“刚才看到你感觉不错，就是想跟你认识一下，将来或许可以做个朋友”。这样做会有 30% 的成功率，但不这样回答的话则 100% 完蛋。

我们也遇到过这样的情景，女孩非常友好地问：“你有什么事呀？”但当我们进一步告知是想做朋友时，她却拒绝了。这种情况是因为对方只是个善意的施助者，并不接受搭讪这件事。

“你有什么事”的两种变形

A. 女孩问“你想怎么认识”或者“然后呢”，这都属于具体化的男性思维，她想要知道你接下来打算怎么操作，以便做出更多的判断。所以，最好的对策就是把你的步骤详细告诉她，还是男性思维对男性思维，比如“就随便聊聊，如果聊完了觉得我是好人，咱们就留个联系方式，如果觉得我是坏人或者不好不坏，我就默默离开”。

B. 女孩不停地问“你有什么事”，这种情况属于“重复性确认”，原因很可能是你的第一遍回答不能让她完全相信，所以她要再问第二遍、第三遍。这时候应对的关键在于你要坚定地重复你的第一遍回答，绝不能换答案改内容，否则她会觉得你的每一次回答都不是真心的，你只是个在不断试探的骗子。据说审犯人时也经常用这招，原理是人对重复自己的谎言会有额外的心理压力，被多问几遍就容易露馅。

我们的学员在上过这一课之后果然遇到了同样的情况。

学员：你好，我想认识你。

女孩：你有什么事？

学员：就是想认识你！

女孩：你究竟有什么事？

学员：我就是想认识你！！

女孩：你到底有什么事？

学员：我就是想要认识你！！！

女孩：那你记我电话吧……

跟审犯人有所不同的是，女孩反复提问，说明她对你是有好感的，所以才更需要确认你的动机。

三、“你吓了我一跳。”

多数情况下女孩说“你吓了我一跳”时都是态度友好的，表达的重点是“我被吓了一跳”，是在倾诉自己的情绪状态，属于女性思维，因此正确回答也该是女性思维，比如“不好意思，我也知道这样会吓你一跳，但看你马上就要离开，一时又想不出更好办法，所以就冲过来了”。

少数情况下，女孩说“你吓了我一跳”时态度是不悦的，此刻的表达重点是“你这家伙让我受惊吓了”，是带有攻击色彩的，属于男性思维，因此正确回答也该是男性思维，要明确承认自己的错误，比如“非常抱歉，我只是想跟你认识一下，所以一冲动就跑过来了，没想到吓到了你，请你原谅”。接下来到底能不能认识，就看女孩的心情了。男性思维的一个重要特征就是勇于面对不确定性，然后果断选择赌上一把。

影响表达的关键词

我们都知道身体有下意识语言。比如，跟感兴趣的人在一起时，我们会把脚尖指向他；听到有好感的人说第一句话时，我们会微微探出脖子；面对自己不喜欢的人，我们尽量不去正眼看他；紧张焦虑的时候，我们习惯把双手（或单手）插在裤兜里。

对于交谈使用的语言本身，同样也会有一些下意识的习惯左右着我们的表达。

为了简化问题，这里只讨论纯粹异性交往的谈话，我们从人称、时态两个方面来一一分析。

一、人称

自信的人喜欢用“我”做主语，面对感兴趣的人，我们习惯用“你”字开头。

例如，搭讪时对方问“为什么要认识”，我们来对比下面的两个回答。

——我觉得不认识的话会后悔。（直接说自己，坦诚且自信。）

——因为你很有气质。（说对方却把自己藏起来，这样只能表现出你对别人有兴趣，但不能让别人了解你。）

所以，对于一个敢于描述自己的人，用“我”字开头的这种陈述方式本身即会传递出他的安全感和自信心，也就是所谓的“气场”。

许多时候我们都是在抽象地谈论自信以及内心强大，但魔鬼约会学希望找到一些可操作性的东西。比如，在赞美的时候，把“你很有气质”改成“我觉得你很有气质”，就会让对方感觉更自然一点儿，同时也能让自己显得更坦然一些。

现在大家可以明白，“我想认识你”是一句多么好的开场白了吧。同样，我们也可以从这个角度来理解为什么假装熟人开场不好。

——请问你是 ××× 吧？（如果对方也缺乏安全感的话，心里就会想：管我是谁呢，你是谁呀？）

在后续阶段这个人称的规律依然会有表现。

我的一个学员跟搭讪认识的女孩约会了一次，进展很快，不仅拉手拥抱过，晚上回家后女孩还主动发信息“今天过得很开心”，学员很得意，几天后打电话给女孩。

学员：（你）明天下午有空吗？

女孩：（我）明天下午要给同学过生日。

学员：（我们）要不上午一起喝咖啡？

女孩：哈哈，我平时都是中午才起床的。

请注意，学员的隐藏主语全是“你”以及“我们”，而女孩的隐藏主语全是“我”。

挂了电话，学员信心十足地对我说，女孩态度还不错，他打算过两天继续约，但魔老师却感觉不妙。因为如果是小有暧昧的阶段，女孩即使真有其他事情，至少话里也应该有对男孩或者俩人关系的一些关注，比如“真可惜啊，那你明天自己怎么过呢？”或者“要不我们改天一起吃饭吧”。

顺便说明一点，光有“哈哈”不一定就是好信号。如果女孩的回答：“哈哈，我平时都是中午才起床的，还是你勤快呀！”那么这里的“哈哈”就是缓和气氛的，但如果没有对你的关注，那个光秃秃的“哈哈”就有可能是在掩饰对你的不耐烦。

果然，几天后学员继续邀约还是被婉拒，自此之后，他们就渐行渐远了。

总结一句话：有“我”有气场，没“你”没兴趣。

还有一个现象就是，有些男人在开始时不敢说“我”，但到了交往的后期，可能是安全感足够了，对话里面又全都是“我”。这其实是一种被压抑的自恋的爆发，比如下面这样的表白拉锯战。

男：我很喜欢你。

女：我觉得我们还是做朋友好。

男：可我对你是真心的。

女：我现在不想跟任何人谈恋爱。

男：可我跟他们不一样……

双方都是“我”字开头，可见其实谁也不关心谁。当然，最终这种表白一般都是灰头土脸地结束。

魔鬼约会学的风格是在前期多谈自己，在后期多谈对方。尽管搭讪时我们主动出击，表露出对别人的兴趣，却可以通过多谈自己来把握平衡，而到了交往的后期我们强调多关注对方，因为这个阶段暴露兴趣已经无所谓了，更重要的是深入女孩的内心世界。

下面用魔鬼约会学的套路来拆解上面的表白对话。其实我是不主张勉强别人的，在这里仅仅是做个例子，让大家体会一下，在非要坚持不可的时候，人称的变化是怎么影响对话色彩的，说白了也就是展示一下什么是“胡搅蛮缠”。

魔鬼：我很喜欢你。

女：我觉得我们还是做朋友好。

魔鬼：好吧，反正你说的话从来都让人没法拒绝。

女：我现在不想跟任何人谈恋爱。

魔鬼：哦，好吧，不过这话听着挺吓人的。

大家是否注意到，以上的回应都是“你”作为主语的。再请闭上眼睛想想，每当被拒绝的时候，你的下意识语言能做到这一点吗？是不是要不就“我我我”说个不停，要不就沉默不语了？真正会坚持的人往往都是善于讲“你”的。

二、时态

男性思维倾向于未来时，女性思维倾向于过去时和现在时。未来时容易产生对立的气氛（谈判就是这样，所以搭讪时尽量不要说“让我们一起逛逛吧”），过去时和现在时更适合交流和沟通。

还是分析上面的例子。

回应一：反正你说的话从来都让人没法拒绝。（过去时）

回应二：不过这话听着挺吓人的。（现在时）

顺便再讲讲，有些人完全否定表白，其实还是在用男性思维来看待问题。他们把表白作为设定目标、完成任务的一个行为，然后经过多次失败之后，得出了不应该表白的结论。但是从上面的例子可以看出，如果用女性思维来处理，表白也可以是加深了解、增进关系，甚至是产生暧昧的一个进阶方式。

要点一：未来时通常是解决问题的语言程式，过去时和现在时是描述问题的语言程式。因此，当预感双方不能顺利达成一致的时候，通过“向后退”来引导谈话方向，是缓和气氛寻求共鸣的一个有效方法。

要点二：当女性的对话中出现过去时的时候，往往是对你有关注、有兴趣、有安全感的象征。

比如我们以前的经典例子，被追求了很久的女孩突然这样回复男孩的信息：“都这么久了，为什么你还跟我联系？”这就是对男孩态度发生转变的征兆（过去时）。但是，要想把握机会还需要正确回复，简而言之，就是要向女孩充分描述自己过去的状态和感受。

要点三：只有当对方的谈话围绕于你过去的“状态”才代表对你有兴趣，如果仅仅是通过你去了解物理世界的因果关系，则另当别论。

比如，在做猜数字的游戏之后，女孩如果问“为什么呀”，只代表她想知道这个神奇现象的客观原因，跟你本人没什么关系。

不过有时候这倒是个反向测试——如果人家连“为什么”都不问的话，说明对你一点儿意思也没有。

最后再举一个例子总结以上要点。我的一个学员某节日跟女孩互发信息，最后一条是女孩发的：“因为你每次回我起码都要十分钟以上，所以我对跟你说话完全没有耐心，你很不尊重人，你不用回了。”（两人认识一星期，信息来回50余条，电话一次，没再见面过。）

事后学员打过两次电话，全部被挂断，沮丧之余向小组发帖说自己出局了。我看后告诉他，这是非常强的好感暗示，要继续联系。学员打第三次电话，对方还是没接，正准备再发帖正式宣布放弃，收到女孩的信息——“我不晓得接起来说什么”，再打电话，狂聊了一小时……

分析

“因为你”——兴趣指向。

“每次”——完全过去时。

“你每次”“我对你”“你很不”“你不用”——连续四个“你”，好感的成分远远大过责备的成分。

“我不晓得接起来说什么。”——现在时，描述自己的感受。

所以，这是一次由爱而怨的小波澜，只要给足面子，自然会柳暗花明。

坏情绪是怎么被你放大的

有一天我被学员问到这样一个问题——如果约会聊天时女孩说："某某开车飙到200多迈，光改装费就花了30万元，太帅了！"那么应该如何回应？

我很快说出了自己的答案，但出于好奇心理，我还是把这个问题发到了自己的微博上。

很快，这条微博下面出现了近百条评论，并且大多数都表现出明显的攻击性，在这里先列举一些不那么暴力的：

* 他真富有，我如果有那么多钱，我宁愿投资。
* 他是靠自己赚来的钱的话就太酷了。
* 他开车的时候载着你呢？
* 你需要恶补一下交通规则。

* 那你嫁给他呗。

* 那一定十分刺激，不过我如果坐上去的话，我一定会怀疑自己的小命保不保得住。

* 干吗要改装，直接买辆三蹦子不就得了。

现在请大家试想一下，如果对话中说到的“开车飙到200多迈”的“某某”是个女孩，那么咱们还会有同样的敌意吗？当然也可能有人说“飙到200多迈”是超速，超速就是不好，但是请注意，人家没说是在公路上开，难道不可以是在赛车场开改装车吗？

我之所以这么较真，其实是想讨论这样一个问题——那个真正引起我们不愉快的原因是什么？

我认为，真正的原因不是200多迈，不是挥霍30万元（真有发烧友砸锅卖铁玩车的），不是某某是个恶少，在这个话题中，真正会让人产生强烈不快的原因由两个事实构成——“正在约会的女孩表现出对别的男人的兴趣”+“那个男人比我有钱”，这才是问题的关键。至于超速、至于挥霍、至于恶少，这都是为了释放自己愤怒而寻找的道德借口。为什么人的下意识会这样？因为有一种认知会刺痛我们——“她对别人有兴趣是因为自己失败”。

这里出现了两个事实：第一，“她对那个男人有兴趣”，这个事实会让我不愉快；第二，“那个男人比我有钱”，这个事实也会让我不愉快。如果把两个事实联系起来——“因为那个男人比我有钱，所以她对那个男人有兴趣”，这时候我的负面情绪会翻倍！甚至强烈到我不能去面对的程度。

再进一步分析，如果女孩是对一个骑三轮车的中年大叔有兴趣的话，难道我们的痛苦就会小一些吗？其实也不一定，因为我们可以从其他方面找到自己相对于中年大叔的劣势。所以，对这种心理更深入的解释是，当我们被负面情绪控制时，我们自己会再去寻找更多负面的事实，然后把负面事实再建立因果关系，负面情绪则会像滚雪球一般越来越大。

这种心理在生活中还有另外一个常见情况，就是当老婆听说老公有了外遇，往往都忍不住想知道小三到底长啥样，可是一旦知道了，不管小三是否长得比自己漂亮，老婆的痛苦都会加倍，原因就在于老婆把自己的不幸跟那个女人建立了更密切的因果关系。

继续分析前面这个例子。当我跟一个女孩约会，听她说飙车、改装这些话，作为男人，我当然不会开心，因为这个“某某”多半也是个男人，我跟你约会时，你表现出对另一个男人的兴趣，这怎么可能让我高兴呢？但理性地说，不愉快也就仅此而已，至于我没某某有钱，虽然是事实，但不能说与女孩对某某有兴趣有绝对关联。她对某某有兴趣可能是因为某某比我有钱，也可能是因为某某比我重情，真实的因果关系其实很难进行主观认定。但下意识往往不顾这些，只要能够找到因果关系，管它是什么都可以，因为下意识的目的是为了把压抑的负面情绪爆发出来。

顺着这种下意识动机，如果我认定了“她对别人有兴趣是因为那个人比我有钱”，那么进一步又很可能得出一个更负面的结论——“我很失败”。很多时候，悲剧往往缘于那些我们不能坦然面对，但在内心深处却又相信的东西。这正是有些人动辄对外界的刺激表现出强烈攻击性的原因，并且这些攻击性往往会打着道德的大旗。但本质上，过激的反应往往都是缘于内心的不够强大。

其实在这个对话中，唯一引发不愉快的客观原因就是一点：在约会时她表现出对别的男人的兴趣。虽然女孩可能是有口无心，但至少这不太礼貌。

我看到有少部分网友这样回复：

> *感觉怎么样？会不会恶心头晕，刺激吗？有机会我想试一次。
>
> *好酷，我也想坐。

这样的回复虽然大度，但从约会技术层面而言，又太讨老好人了。毕竟对于缺乏礼貌的行为，按照平等原则，我们有必要给予适当回敬。这就像在约会的时候，如果男人不停地打量周围的美女，那么正跟他约会的女孩应该有所表示，比如轻描淡写地问一句："这里的美女是不是很多啊？"原则是就事论事即可，没必要上纲上线。

所以在这个案例中，我当时的回复是："这样的帅哥周围一定围着很多女孩子吧？"原则是，按照她刚刚所说的事实，推理出一个合理的且让她有点儿尴尬的事实即可。

通过这个案例还可以看出，人都有这样一个共性：对于有自信的领域，就容易做到就事论事，因为事实并不会令他有强烈的不愉快；对于没自信的领域，就容易上纲上线，因为需要一些抽象的东西来保护自己。

追女孩这件事常常也是人性暴露的时候，所以控制情绪、调整心态往往比方法技巧更加重要。高手跟菜鸟的区别也在于此，菜鸟认为事事都该有前因后果，看起来勤于思考，其实只不过是没有自信及耐心，总想着马上做点儿什么来改变现状；而高手则懂得见机行事，在时机不到之时不求有功但求无过。

生活中总归会存在很多正面的事实和负面的事实，当我们面临困境时，如果再把各种负面的事实之间都建立因果关系，往往就容易变得悲观沮丧（比如我单身 + 我穷 + 我丑）；反之，当身处顺境之时，如果再把对各种正面的事实都建立因果关系，往往又容易变得骄傲自大（比如我满分 + 我勤奋 + 我聪明）。所以，古往今来，那些智慧的人往往愿意以无常的态度来看待生活的起起落落，他们会看中事实，会就事论事，但不会轻易去建立因果关系，这样也就控制住了自己的情绪，不会大喜大悲。反之，那些脆弱的人在被情绪左右的时候，甚至还会主动去寻找相应的事实，结果不是进一步作践自己就是死磕别人。

聊天能力的三种境界

对话情景：晚上 9 点左右给女孩打电话，两人属于普通朋友关系，女孩单身。

男孩问女孩做什么，对方回答：“别提了，家里的灯泡刚刚憋了，正在换新的呢，没想到这么麻烦！”

来看看这种情况下男人们的回应。

学员 A：要不要我去帮你？

学员 B：哇，你自己换灯泡，真能干呀。

学员 C：唉，现在灯泡的质量真是越来越差了。

学员 D：嗯，我也遇到过这种情况，确实挺麻烦的。

接下来让我们从事实、认知、情绪三方面来分析女孩这段话。

事实——具体问题，自己换灯泡。

认知——一个人的生活，任何事情都要自己解决。

情绪——不喜欢这样的生活，失落、无奈、烦躁。

聊天时，当一个陈述具备事实、认知、情绪三个要素时，一个好的回应也应该具备以下几个标准。

事实回应——解决问题的男性思维（在本案例中表现为给予帮助或者表达帮助意愿）。

认知回应——找到事实与评价之间的逻辑关系，要客观准确。

情绪回应——共情，或者传递更加积极正面的情绪。

用上面的三个标准来评判以下四种回答。

学员 A：要不要我去帮你？

事实回应——有。

认知回应——无。

情绪回应——无。

评价：典型理工男，得 3 分。（本来可以给 3.5，但晚上 9 点，作为普通朋友关系，去女孩家显然不可行，所以扣 0.5）

学员 B：哇，你自己换灯泡，真能干呀。

事实回应——无。

认知回应——错误，全无逻辑。

情绪回应——虽然积极正面，但是建立在错误的认知之上。

评价：混乱的男性思维，自己换灯泡跟能干有什么关系？所以，积极情绪也就变成拍马屁耍贫嘴了，得 2 分。

学员 C：唉，现在灯泡的质量真是越来越差了。

事实回应——无。

认知回应——无。

情绪回应——虽然有共情（无奈），但是跟对方的情绪归因不同，削弱共情效果。

评价：过分的女性思维，虽然关注了事实，但引发的只是自己的生活经验，有点儿像那个笑话——宇宙飞船把小老鼠送上了天，女人大呼这样灭鼠多不划算。得 2.5 分。

学员 D：我也遇到过这种情况，确实挺麻烦的。

事实回应——无。

认识回应——无。

情绪回应——共情。

评级：中庸的、不犯错的回答，得 3 分。

那么我们再看看好的问答，可以是怎样："需要我来帮忙吗？我做过好多年灯泡呢。"

事实回应——表达帮助意愿。

认知回应——我也独身好多年。

情绪回应——在同一个认知基础之上，传递积极乐观轻松的情绪。

在日常生活中，普通男士的聊天能力，基本上都只有事实回应（这种男人很容易成为老好人）；具备女性思维的男士，通常可以做到事实回应和情绪回应（这种男人追女孩一般没问题了）；只有少数人能够兼顾三者。达到最后这个水平的人不仅会得到别人的喜欢，往往还能深入对方的内心世界，说起来有些玄乎，但优秀的心理医生就是这样。

另外，在我们以往的教学中，经常提醒男士不要轻易地表达关心和送温暖，比如女孩说“我出门只能打车，我是路痴”，如果男士这时候回“我是活地图，有问题可以找我”，那么就犯了各说各的错误，因为女孩只是在强调自己不认路这个特点，但并没有遇到实际困难，更没有情绪特征。反之，当女孩遇到困难，并且表达出明显的情绪特征时，那么男士不仅应该表达帮助意愿，而且最好要把自己代入。比如女孩说“感冒了，在家，很难受”，男士就应该问问：“需要我陪你去医院吗？”而不可以仅仅回复“多喝水”，也不要自言自语地说：“我上周也感冒了，确实很难受。”

聊天是一门学问，在本篇开始的案例中，作为普通朋友关系，在晚上 9 点提出去女孩家里其实并不太合适，但是通过轻松幽默的情绪表达——“我做过好多年灯泡”，恰好又抵消了提出帮助所带来的压力，这就是情绪互动在对话中的强大作用。

你会跟女人聊天吗

分享一下我的学员跟女孩的一段聊天。两人认识不久，属于普通朋友关系，女孩对男人有点儿兴趣，对话中间男人试图调情，结果失败，并且男人一错再错，最后两人不欢而散。下面请大家先看聊天记录。

男：照片就这么一张啊？

女：是啊，你要几张？

男：想再多看看（表情：愉快），你腿最漂亮，应该拍进去嘛……

女：没了。

男：（表情：得意）

女：你就喜欢腿？外面长腿妹妹很多的，你随便看呀。

男：好像生气了……我只是说你的优点嘛……

女：没生气，我只是说长腿妹妹很多，美女也很多。

男：你最漂亮。

女：我不是的，谢谢您的恭维。

男：你好难哄哦（表情：抓狂），给你吃糖。

女：干吗要哄？

男：女人就是要哄的嘛……

女：看情况的。

男：好，那下次要人哄你，就给我暗示啊。

女：我一般不太用哄，喜欢听真话。

男：我一向都说真话的。

女：噢……

不知大家是否能看出，经历此番对话之后，两个人的关系状态从友好不知不觉进入对立，并且在最后女人对男人已经产生出一丝讨厌的感觉。

那么这个变化是怎么产生的呢？下面我们逐句分析。

男：照片就这么一张啊？（第一句就错了，姑娘给你看照片，你怎么不好好关注赞美呢？）

女：是啊，你要几张？（小小的不快，问句中已经带着微微的攻击性。）

男：想再多看看（表情：愉快），你腿最漂亮，应该拍进去嘛……（男人以为可以趁机调情。）

女：没了。（态度进一步不友好。）

男：（表情：得意）（男人还沉浸在自己的世界中。）

女：你就喜欢腿？外面长腿妹妹很多的，你随便看呀。（女人开始全面攻击。）

男：好像生气了……我只是说你的优点嘛……（虽然后半句是解释，但前半句用定义对方负面情绪的方式进行攻击，进一步惹恼了对方。）

女：没生气，我只是说长腿妹妹很多，美女也很多。（女孩否认你的定义，对话已经越来越没有安全感。）

男：你最漂亮。（当惹毛对方的时候，应该做自我检讨，泛泛的赞美只会被当作没有诚意的敷衍。）

女：我不是的，谢谢您的恭维。（否认 + 上推，女孩继续不友好。）

男：你好难哄哦（表情：抓狂），给你吃糖。（后半句是试图修好，但同样太过敷衍，并且前半句又是在定义对方的负面情绪，这简直是心口不一又不会掩饰的男人的语言模板。）

女：干吗要哄？（用问句来否定。）

男：女人就是要哄的嘛……（上推 + 否定，进入互相否定，两人开始掐起来了。）

女：看情况的。（缓和的否定，这是女人的天性，总是避免矛盾激化。）

男：好，那下次要人哄你，就给我暗示啊。（这里特傻，男人得理不饶人，给台阶不知道下。）

女：我一般不太用哄，喜欢听真话。（女孩只好继续否定，回到战场。）

男：我一向都说真话的。（一旦干起来了，没情商的男人是不会先下场的。）

女：噢……（女孩已经无语了，这个男人进入了不可交流的黑名单。）

问题总结

一、不懂女性心理

其实男人的第一句话就已经激怒了女孩子。“照片就这么一张啊？”“这么”这个词，传达出不满意的色彩。女孩会想，给你看就不错了，你还挑三拣四……正确的做法应该是先夸，然后再有点儿意犹未尽地说：“还有其他的吗？”记住，女人希望别人关注自己正在关注的东西。在例子中，美腿虽然也是这个女孩的一部分，但不是她此刻的兴趣点。

二、沟通方法错误

1. 定义别人的负面情绪，自大的表现。生活中类似口头禅：“您别较真啊！”

2. 习惯性地否定别人，不自信的表现。生活中类似口头禅：“其实也不是。”

如何补救

其实最好是开始就别犯错误，但是亡羊补牢可以让我们以后避免更大的麻烦。

男：照片就这么一张啊？

女：是啊，你要几张？

男：想再多看看（表情：愉快），你腿最漂亮，应该拍进去嘛……

【修改】没其他的话，我就好好欣赏这张了。

女：你就喜欢腿？外面长腿妹妹很多的，你随便看呀。

男：好像生气了……我只是说你的优点嘛……

【修改】我太低级趣味了，请务必带我提高一下吧！

女：没生气，我只是说长腿妹妹很多，美女也很多。

男：你最漂亮。

【修改】是的是的，长腿妹妹很多，大脑短路的男人也很多，帮我提高一下鉴赏力吧！

后面的对话就没什么好修改的了，总之，你得罪姑娘家了，接下来该做的就一个字——“哄”。

当事者后记

我回去翻了手机上的聊天记录，那次果然是我对姑娘试穿新做旗袍的照片没有一点儿关注。老师靠只言片语就能推测得清清楚楚，我聊了半天却还不知道哪儿得罪了姑娘。这还不是重点，重点是，后来女孩在公司年会上穿着旗袍，打扮得漂漂亮亮地又拍了张照片，放在朋友圈上，我看后一通猛夸。就这么被我误打误撞，女孩又理我了……

如何搭讪工作中的女孩

促销现场的礼仪、专卖店的导购、酒店的前台、飞机的空乘……有没有一个自然的方式去认识这些在生活中会跟我们短暂发生交集的美女呢？

一招鲜吃遍天，看懂这篇文章，举一反三，生活中任何情景下遇到的美女就都有机会认识了。

多年以前，我写过一篇《不要搭讪工作中的女孩》，与今天这个标题有没有自相矛盾？

当然没有。

当年的那个结论是有前提的，放到现在也依然成立。那就是，那些专门靠颜值吃饭又正在工作状态之中的女孩，比如车展上的模特，你上前搭讪，成功率几乎为零。

网上有些号称搭讪车展模特的视频，其实都是标题党，点进去仔细看你就会发现，他们都是在模特的休息间隙，比如模特吃盒饭或者去洗手间的路上搭讪成功的。

正在展台上的模特是很难搭讪的，即使偶尔有人能要到微信，这种成功也没有普遍意义。

今天咱们说的是搭讪那些不是只靠颜值吃饭的女孩，比如服装店的导购、商场促销的礼仪。这种女孩虽然应聘时也会被要求具备一定的外形条件，但在工作中多少要具备一些专业知识，并且还要去跟顾客进行交流。

有没有语言交流，这正是能不能搭讪的关键，车展模特不容易搭讪的本质原因在于她们只负责陪观众照相，不负责陪观众说话。

有朋友可能会说："不对呀，照这个说法，女医生和女出纳也应该可以搭讪的，但我完全找不到机会开口……"其实再仔细想想，你就会发现，跟女医生、女出纳的对话其实主要都是你在说而不是她们在说——你有什么症状以及你有什么需要，她们只管开药和填单。

好了，现在让咱们设想一个场景，商场里正在促销手机，展台上站着一位让你一见钟情的礼仪小姐，你想搭讪她，应该怎么办？

第一步

等待时机，展台上有很多顾客转来转去，每个礼仪都忙着向他们介绍产品，你的目标也不例外。所以，现在不要出手，因为你一旦上去，别的礼仪小姐可能过来向你介绍产品，你就再没机会跟目标说话了。

第二步

目标终于空下来了，一个人站在那里，这是最好的时机，你半秒钟都不要犹豫，果断走上台去，站在她身旁，同时冲她点头微笑一下，她必然过来向你介绍产品。

第三步

目标开始跟你进行工作范围内的交谈，这个过程持续 3 ~ 5 分钟即可，不要拖得太长。其间，你要不时用微笑回应她的讲解，也可以适当提几个简单的问题，但不要是那种需要她让男同事过来替她回答的专业问题。微笑和提问，目的都是为了让交流气氛变得更加融洽，为下一步做铺垫。

第四步

在关于工作的对话进行了 3 ~ 5 分钟之后，你要及时把话题往个人感受的领域上引导，比如问她：“看你也不像这个公司的，怎么会了解这么多？”“每天说这么多话会不会觉得枯燥？”“站这么久累不累？”

这些看似白痴的问题其实就是一个测试，对于那些有社交窗口的女孩，她们就会下切地、友好地回应你，比如，“累呀，但是公司就是这么要求的，还必须穿高跟鞋”，或者“挺好的，第一天不习惯，现在已经好多了”。

而对于那些没有社交窗口的女孩，她们就会上推地、礼貌地回应你，比如，“还好，这就是个工作嘛。”然后就转身不再多说，或者问一句：“请问您对产品还需要了解点什么吗？”暗示你就此打住。

遇到回应友好的女孩，可以顺着私人话题说下去，绝不要再回去讨论她的产品和工作，继续再聊上 3 ~ 5 分钟，理论上就可以直接互加微信了。当然如果时间从容，你愿意一直聊下去也没问题。而如果遇到礼貌的回应，我们就及时撤退，也不失面子。当然如果你贼心不死，非要再去试试，碰一鼻子灰的概率那是非常大的。

基本套路就是这样，相比街头搭讪，这是个委婉得多的方式，但依然无法保证你一定就会成功。我们要牢记一点，世上没有万无一失的搭讪，我们无法保证别人对自己一定有好感，区别只是直接被拒和间接被拒而已。

再多说一个小技巧，遇到有社交窗口态度友好的女孩，加了微信之后，你不妨问问她几点下班。如果不是很晚的话，你可以尝试即时约会。

但要注意，邀约要一步一个脚印，再大的理想也要先确立一个小目标，不能上来直接说“下班后一起吃饭吧”。

由于这种搭讪的场景通常都在商场，可以先邀请女孩去商场的甜品店或者咖啡厅小坐一下，给女孩一个时间限定，比如“一起去喝点儿东西歇半个小时”，对方会比较容易接受这种压力不大的邀约。

假设现在是下午四点，女孩六点下班，你跟她约好后就自己先去其他地方溜达一下，然后在女孩快下班的时候再过来找她就可以。接下来，喝东西的那半个小时如果相处愉悦的话，再继续吃晚饭就是顺理成章的事情了。

有了即时约会，回家之后再聊微信就会容易得多了。

本文要点

一、搭讪现场——聊天要遵循“状态 + 感受”原则。“状态”是女孩的工作话题，“感受”是女孩的个人话题，对方愿意跟你聊感受，就预示着搭讪成功了。

二、及时约会——在安全感还不充分的时候，一定要把一个大计划分成几个小目标，循序渐进，步步为营。

微信开场的个人感受——学员网名：爆胎一号

一、三三法则

我相信每一个学员都看过魔老的一篇文章《微信的三三法则》，里面提出的最核心的概念就是，当女孩子对我们只有“呵呵、哈哈、哦、嗯”的回复下，仅仅聊三个回合，既能建立最低的联系，又能为后面的邀约创造机会。

三三法则揭示了两个重要功能：一、建立最低程度的联系；二、将女孩子约出来。

对于刚入门的初学者来说，三三法则为大家指明了一个方向，但在有些学员那里我也发现了一些常见误区。

误区一，必须聊够三个回合才行。

误区二，到了第三个回合就一定要邀约。

误区三，当女孩子对我们冷淡的时候还要坚持三三法则。

关于误区一，三三法则对于聊够三个回合并非硬性规定，即如果女孩子第二条信息就不回复，那么今天就到此为止，别再发第三条了。

关于误区二，三三法则的说法是，当我们每次都能进行三个回合程度的聊天后，那么在第三次聊天的时候可以进行邀约，但并不是说，我聊到第三个回合就一定要邀约。

关于误区三，老师在上课的时候专门为了防止这种误区，增加了一个附加原则，即该法则仅仅适用于匆匆见过一次面或者没见过面，并且尚未有过首次单独约会的女孩子。一旦女孩子和你进行过首次约会，那么三三法则便失去了作用，继续的意义不大。

那么，为什么会失去意义呢？因为三三法则的原理在于利用女孩子对你不熟悉且还有好奇，即兴趣指标定义在低度或一般兴趣。一旦女孩子对你失去兴趣，三三的频率，即三至五天联系一次的频率已经变成了高频率。另外，女孩子可能连“呵呵，哈哈，哦，嗯”这种回复都消失了。作为一名老学员，我认为，三三法则带给我最大的思考，就是聊天应该遵守三个基本原则，第一，走一步看一步，根据女孩子的上一句话判断下边怎么聊；第二，最终目的是邀约，而不是通过聊天让对方喜欢自己；第三，在双方关系的冰河期（兴趣度低的情况下），手机聊天可以建立最低程度的联系，并伺机破冰。

二、微信的开场与初步判断

一般有三种基本开场方式：第一种，无关注开场，即只包含我的状态或感受；第二种，直接关注开场，即不包含我的感受及状态，只有对对方的关注；第三种，间接关注开场，即除了我的感受或状态，也包含了对对方的关注。

例 1：北京又下雨了，这天气，真是让人郁闷啊。（无关注开场）

例 2：在干什么呢？（直接关注开场）

例 3：北京这几天雾霾真厉害，我都戴口罩了，你呢？（间接关注开场）

通过以上的例子，我们能发现，无关注开场更像发微信朋友圈或发微博，这种开场的好处是，女生可以回复你，也可以不回复你，大大降低了女生对于回复的压力。并且一旦回复，一般她只能关注你的话题，因此在诱导话题方面有优势。但同时缺点也非常明显，因为与女孩子关联不大，甚至有点儿像自言自语，所以一般对你并无多少兴趣的女孩子往往不会回复。

而直接关注开场的好处是直接询问女孩子状态，并且在接下来能够根据女孩子的状态进行话题调整。但它的缺点是安全感低的女孩子往往可能只回寥寥几字，因为有些女孩子不愿意跟一个刚搭讪认识的人谈论自己的状态，故不回复的可能性也很大。

间接关注开场结合了无关注开场与直接关注开场的优点，能够利用自己的状态与感受进行联系并进一步为接下来的聊天创造话题。但缺点是可能在开场给出过多信息，造成情感过度，不符合轻松简单的原则。

因此，究竟选择哪一种开场，往往取决于女孩子与你的关系程度，并且开场的功能就是试探，试探女孩子此刻是不是处于愿意聊天的状态，甚至跟她对你的好感都关系不大。所以，各位同学，不需要在开场这个阶段有过多的纠结，一般来说，简单轻松的开场即可。

现在，让我们看几个开场回合的例子。

例 1

学员：早上好啊，在干什么呢？

女孩：早！

学员：我这边刚把报告写完。

女孩：辛苦。

例 2

学员：今天总算能休息了，你呢？

女孩：在家休息。

学员：哈哈，我准备把网球拍拿出来活动活动。

女孩：嗯。

例 3

学员：六一节终于放假了，哈哈。

女孩：你过六一？

学员：哈哈，调休的结果啊！

女孩：羡慕啊，我今天忙死了。

例 4

学员：在干吗呢？

女孩：看电视呢。

学员：我这几天老是加班，电视机都没开过。

女孩：最近这么忙啊？

以上四个例子我们能判断出，例 3 与例 4 是容易聊天的状态，而例 1 与例 2 似乎是有点儿难聊了。所以如果是我的话，1 与 2 的情况基本考虑撤退了，例 3 可能接下来要对女孩子忙进行关注，例 4 的话，继续介绍自己的状态。为什么会这么判断，暂且不表，我想先提一下微信回复中的三个基本术语：上推、下切、平行。

上推，顾名思义将话题推上去，也就是抽象概括，或者总结性发言。比如，例 1 中，女孩子面对学员的状态得出一个总结性评价——“辛苦”便是一种上推。下切，将话题继续切入，如例 3 中学员对于女方提出的问题进行进一步阐述和解释说明，便是一种下切。平行，根据对方上一句状态或感受回应一个相似的状态或者感受，如例 4 中学员对于女孩的“看电视呢”就采取了平行回复的策略。

上推、下切、平行，是继续话题的三个方向，一般来说，上推是对话题的结束，下切是对话题的延展，平行是对话题进行共鸣或者重复。在实际情况中，一句话里也可能同时包含上推与下切，比如在结束话题并开启新话题的对话中，我们常常能见到先是一个上推，然后又是一个下切的陈述句。

现在让我们重新回到这四个例子中。例 1 中，女孩对学员的开场仅仅响应早上好，忽略对自己的关注，并对学员第二句自我状态的陈述仅仅进行两个字的简单评价，看不出情绪。对于这样的聊天情况，我们一般称，女方不在聊天状态。

那么什么是情绪？情绪通常会附着在语言上，比如，“好的”与“好的呀”，带上语气词的后者明显能让你感受到对方语言中带有的情绪。而前者仅仅让你感受到简单回应。当一个人处在聊天状态的时候，他的话往往会情不自禁地带上情绪的色彩，并且内容下切。而反之则说明对方对当前话题不感兴趣，或者对方处在不适合聊天的状态。

明白了这一点，我们再来看例 2，你就会明显发现，例 2 女方的回应中完全没有情绪。对于这样的状况，我们可以再发一条自己状态的下切，如果对方依然是这样不带情绪的简单回应，那么通常就可以撤退了。

切记，不要在对方简单回应寥寥几个字的情况下，给予过多的回复，比如下面的例子。

例 5

学员：在干吗呢？

女孩：睡觉。

学员：哈哈，我周末的时候也特别喜欢睡，看到你的回复，想起了我表妹周末的样子。

这样的情况，我们就称为二级下切，即在一个回复中，包含了至少两个或两层以上的信息。

在开始阶段，多数为试探，通过一两个回合的聊天，去判断女方所处的状态。一般来讲，如果她的回复属于下切或者平行，那么她想继续聊的可能性非常大，如果她的回复基本是上推，寥寥数字，那么说明她对于你给出的话题没有兴趣，或者不在聊天的状态。在这种情况下，尽早结束聊天是一个好的策略。

入班以来我一直认为，判断对方是否在聊天状态这件事要比如何把天聊得精彩更为重要。因为，一旦对方处在非聊天状态下，除非你真的能保证让对方从低状态变成高状态，不然的话，聊得越多死得越快，或者也可以说，在对方回复非常简单的情况下，你这边往往越是多讲（三回合以上），对方越会看低你。

另外，有一个错误叫情感过度，这里稍微进行一下区分，因为下切过度与情感过度经常容易混淆。情感过度，主要指在情绪和抒发情感时说了不符合你和这个女孩子当下关系的话语，或者你的情绪、情感过于夸张。而下切过度主要指你和女孩子聊天中信息交换量过于不平等。换句话来说，情感过度多数发生在你与姑娘情绪分享和感受交换的时候，而下切过度多数发生在你与姑娘进行信息交换的时候。

例 6

学员：在干吗呢？

女孩：看电视呢。

学员：这么晚还不睡啊。

女孩：嗯，你不是也没睡吗？

学员：哈哈，你不睡，我怎么敢睡呢？

女孩：……

以上的聊天，假设学员与姑娘是好朋友或以上的关系，那么这样的回复完全不存在啥问题，但是，假设学员与姑娘仅仅是认识关系，或者普通朋友关系，这样的对话便是情感过度了。从上面这个例子我们可以看出，情感过度是以男女关系所处的阶段进行衡量的，而下切过度则是双方在进行状态交换的时候，以输出信息量的对比进行判断。

微信实战案例

晚上 10 点，培训学员群突然活跃起来，原来学员二师兄从某商场搭讪归来，正在给大家讲述他刚认识的一个超高分的漂亮女孩。

看到二师兄搭讪了一个大美女，群里的学员们也跟着激动起来，纷纷撺掇他赶紧联系，于是二师兄发出了第一条微信。但严格来说，首次联系不该在晚 8 点之后，因为万一对方跟男友在一起会比较麻烦。

二师兄：我和朋友聚会完现在已经到家了，你这会儿在干什么呢？（魔鬼搭讪后续标准开场：场景联系 + 对她关注。）

女孩：看电视呢！（有些女孩喜欢用叹号的热情弥补回答的简短，以表明自己其实并不冷淡，只是不知道该说什么。）

二师兄没有注意到叹号的细节，他在群里求助：又是这种回复，晕了，最近怎么老是让我挑战高难度的聊天啊……

众学员纷纷出手相助，最后二师兄采用了疾风学员的回复：嗯，我一个人在家的时候也喜欢看电视呢！感觉特放松。

我当时刚刚打开QQ，看到这个场面，也帮二师兄想了一条：我看电视有个毛病——不停换台，10分钟能把遥控器按一圈。（原则：描述自己跟对方当下有关的一个状态。）

但当时二师兄已经把疾风的信息发出了，很快女孩就回复了，而且态度不错：哈哈，其实下班到家也没什么可做的，看看电视打发打发时间啦……

接着二师兄就把我刚才那条给补发出去了。

十多分钟过去了，女孩都没有回复，二师兄有点儿按捺不住，想再发一条，幸亏被大家及时劝住。（给刚认识的女孩连发信息是件风险很大的事情，很容易让对方觉得你是个纠缠的男人。）

幸好女孩回复了：跟我差不多……（字数虽少，但联系感很强。）

这时有学员建议回：我一直以为就我看电视有这习惯，没想到你也是。你这会儿看的啥片子呢？（不好，原因：1. 女孩已经说过两人差不多，再强调一遍属于重复话题；2. 看电视就是无聊时打发时间的事情，没必要再聊具体内容。被否决。）

我当时有点儿事，没盯紧屏幕，二师兄按自己的想法回复了一条：呵呵，我这会儿在看《荒野求生》，你在看什么呢？（符合之前的原则：场景联系 + 对她关注，美中不足的是——电视节目不是有趣的话题。）

女孩：瞎看呢……没什么好看的……（果然……）

接下来的回复采用了幻阳同学的建议：是啊，现在电视广告占了大篇幅，有时候我换台是为了找中意的广告……（不错，继续场景联系，但加入了新的话题内容。）

女孩：你真逗……（开始对你有情绪关注，好信号。）

这种情况下应该说点儿能升级情绪的内容，但说什么呢？大伙儿纷纷陷入思考。

二师兄想回：今天能够认识你，心情大好，所以说话也很逗了。（不好，过早表现出依赖感。被否决。）

疾风想回：呵呵，其实我平时嘴挺笨的，被你这么一说，我都不好意思了……（也不好，原因：嘴笨和羞涩，都不算男人的优点，也没必要装屄。被否决。）

最后二师兄采用了我的回复：说到伤心处了，小时候跟同桌表白，她也说“你真逗”。（原则：依旧是联系刚才的话题，但延伸出新内容，并且开始有情绪带入，男女关系永远是个好话题，但一定不要有失分寸。）

接下来的情况令群里的学员激动起来，女孩竟然马上语音回复了：小时候呀，那是在小学还是在幼儿园啊？（有情绪输出 + 关注，属于友好信号。）

有学员建议回复：穿开裆裤那会儿吧……（有风险的玩笑。被否决。）

二师兄继续采用了我的回复：小学一次，幼儿园两次，后来人就逐渐成熟了……（原则：对方让你做二选一时，二选二就跳出了她的思维。）

很快女孩又语音回复了：你不是后来才成熟的吧，你应该是很早就熟了……（有情绪色彩 + 关注，属于友好信号。）

有学员建议回复：我外表差不多熟透了，内心依然纯真得一塌糊涂。（不好，说自己内心纯真比较扯淡，有点儿耍贫嘴了。被否决。）

接下来我回复了一条有一定风险的：早熟……唉，那种高处不胜寒的感觉……你懂得……（高处不胜寒暗指她的身高很高，但风险在于女孩不一定反应得过来。）

果然，这条消息发出了 20 分钟后女孩才回复：好吧，说真的，我不是很懂……（鱼和熊掌不可兼得，也不能对漂亮女孩太苛求。）

跟女孩说笑话没被理解是很多男士会遇到的一种尴尬，这时候的处理方式也有讲究。很多男士会认真地把包袱拆开给女孩看，以便告诉她自己是多么聪明，但这恰恰是件煞风景的行为，因为这样等于是在强调“你真笨，连这都不懂”。而比较好的办法是用带有情绪色彩的语言去暗示。

所以我继续帮二师兄回复：汗！以后不拿个高的人开玩笑了……

女孩态度依旧友好：哈哈，没有啦！还不休息？

这时有学员建议回复：呵呵，跟你聊天时间过得真快，是有点儿困了，你也早点儿休息吧……（不够好，主动结束有可能错失机会，另外“跟你聊天时间过得真快”属于口水式赞美，也不好。被否决。）

虽然当时已经12点，女孩很有可能是在暗示结束，但我认为更好的原则是在不犯错误的前提下不放过任何机会。由于“还不休息”属于对方在关注你，所以可以给予一个比较下切的回答，表现积极活力的一面，但同时不给对方继续聊天的压力。于是我帮二师兄回复：最近奇怪了，一到半夜就特精神，胃口还跟着好，楼下各种烤串的气味搞得我经常失眠……

女孩很快又回复了：哈哈，早点休息吧……明天我还要早起上班，先睡了……安！（对你有情绪回应，对自己有下切陈述，属于友好信号。）

就此今晚聊天结束，这是魔鬼搭讪约会课程比较有代表性的教学场景。很多时候有了理论还要有实践，不断在自己的生活中去应用才能取得真正的进步。

顺便提示大家注意一下女孩最后回复中的细节——“明天我还要早起上班”，看来这是一个自食其力的靠谱女孩！

另外，在女孩主动语音的时候，男士也应该及时使用语音回复，这样深夜聊天的气氛会更好，可惜二师兄对自己的嗓音不够自信，于是从头到尾都是文字。

如何给女孩发信息

因为搭讪建立的安全感不会很高，所以认识之后不适合马上进入追求程序。那么，匆匆互留号码后该如何微信聊天？

先列举一些错误的聊天方式。

单刀直入型：“今天有空一起吃饭吗？”（太着急了，没有铺垫，女孩一般不喜欢，当然也有很爷们儿的那种女孩会愿意。）

户籍管理型：“你好，我叫 XXX，在 YYY 上班，是 ZZZ 人，认识你很高兴。”（这不像是人，是电脑程序。）

嘘寒问暖型：“明天最低温度 1 摄氏度，最高温度 13 摄氏度，关心天气，就是关心自己，别忘了多加一件衣服哟。”（我们有那么熟吗？）

生搬笑话型：“黑猩猩不小心踩到了长臂猿拉的大便，长臂猿温柔细心地帮其擦洗干净后，它们相爱了。别人问起它们是怎么走到一起的，黑猩猩感慨地说：猿粪！都是猿粪啊！”（转发幽默段子属于挠人发笑的低水平表现。）

自我陶醉型：“如果有一天，你感到疲倦，只要一转身，我的祝福就在你的身边，不管离多远，不管多少年，这祝福化为繁星点点，闪在晨曦，闪在日暮，闪在你生命的每一寸空间。”（神经病！）

追问不休型：“做什么呢？”（看电视。）“看什么节目呢？”（《非诚勿扰》。）“有意思吗？”（还行。）“看完做什么？”（……女方终于不回复了）

更有甚者转英文，我就不评论了。

如果你干过以上这些蠢事，请继续往下看。

说到如何正确地给不熟的女孩发微信，首先要了解两性思维的差异。

莎莎和芳芳在一起

莎莎：“昨天我在西单看见一条裙子，特别漂亮。”

芳芳：“前天我在东单看见一件风衣，也特别喜欢。”

莎莎和男友在一起

莎莎：“昨天我在西单看见一条裙子，特别漂亮。”

男友：“多少钱？”

远古时代，男人们都静静地在草丛里等待猎物，女人们在山洞里一边带孩子一边聊天。男人与男人因为明确的目标相互合作，商量完之后便默默开始行动，女人与女人因为共同的境况聚在一起，倾诉彼此的状态和感受是她们的常态。所以，男性是投射性思维，女性是映射性思维。直到今天，我们也会看到，两个男人去钓鱼，可以一言不发，但能在池塘边充实地蹲一下午；两个女人去逛街，即使一件东西也不买，也会叽叽喳喳说一天。

重新看莎莎和芳芳在一起

莎莎："昨天我在西单看见一条裙子，特别漂亮。"（在什么地方看见什么东西，这是状态；特别漂亮是感受。）

芳芳："前天我在东单看见一件风衣，也特别喜欢。"（女人看起来聊得欢，其实都是各说各的。）

重新看莎莎和男友在一起

莎莎："昨天我在西单看见一条裙子，特别漂亮。"

男友："多少钱？"（直接进入解决问题的程序。）

男人说话是为了解决问题，女人说话是为了描述问题中的自己。男人不知道该如何跟不熟的女孩聊天，就是因为受理性思维的影响。他会想：送礼物就是所谓的表现关心；要不就"让她知道我的狩猎能力有多强”，就是所谓的展示价值。其实这些都属于目的性的行为。对于女性，除非她愿意让你进入追求程序，否则都会抵触男性的目的性行为。可对于街搭建立的关系，恰恰不适合马上开始追求，所以这是许多搭讪者后续不利的根本原因。

顺畅的两性交往有这样一个现象：主动方会去适应被动方的思维方式。作为男性，如果有女人对你主动投怀送抱，那么你当然可以按自己的思维行事，否则，就要学习用女人的语言跟女人交谈。先要了解对方的状态，常见开场白为“做什么呢”（或者“在忙吗”“最近好吗”等），然后根据对方回答的速度、内容、语气综合判断对方的状态（是否在忙、是否有心情聊天）。

如果感觉对方不在状态，那么就不要继续发，这样保证不犯错误、不招人讨厌，以后你还有机会。

如果不能确定对方是否在状态，比如对方回答：“在上班。”你可以这样回答：“我也是，这会儿正好不忙，突然想起你了，就发个微信。”（介绍自己的状态，加入一点儿感受，并找出你们的联系。）

这样回答既是交流也能试探，如果对方就此不回了，那也没关系，你没犯任何错误。但只要对方不忙并且不讨厌你，通常都很容易接下去，女孩一般会说说自己的情况或者向你提一些问题，比如，“我们总是很忙，下周还要出差。”（描述状态。）

你可以回答：“羡慕啊，我好久没出差了，老待在一个地方，感觉挺闷的。”（状态 + 感受。）

也许她就会继续回：“羡慕什么啊，我们出差很辛苦的，根本没时间玩。”（她也加入感受了，这是交流增进的好迹象。）

总之就是这样，你一言我一语，鸡毛蒜皮家长里短，聊多了自然感觉就不陌生了，然后再邀约，基本就水到渠成。

记住，始终把握“状态 + 感受”，并且寻找这其中你和她的关联之处（可以是相同的，也可以是不同的，总之是聊天的话题）。

关于提问的要点

不要连续提问，要间隔开，有说有问，避免给对方咄咄逼人的感觉。

对方向你提问时，你就借机会把自己的情况介绍一番（依然是状态 + 感受），结束时别忘了再加一句“你呢？”显得亲切友好，也容易让聊天继续下去。

关于发微信的时间

最好在下午 4 点半左右。一般来说，无论是上班还是上学，这个时间都是最不忙的。

关于结束

微信的特点就是可回可不回，所以不用去计较对方为什么突然不辞而别。当然我们自己要礼貌周到，谁让我们是主动方呢。如果对方不回，就视为今天的交流告一段落，改天再联系，到时候也不必追问人家上次为什么不回复，重新开启话题即可。尽量不要一天之中给一个还不熟的女孩连续发两次，包括打电话，否则人家会觉得你难缠。

总之，我们的特点就是朴实无华，充分针对女性心理，不像其他流派那样追求精彩的惯例桥段，不求有功但求无过（唠叨却不啰唆，这个火候要把握好），绳锯木断，水滴石穿，慢工出细活，铁杵磨成针。

在搭讪班的活动间隙，有一项精彩的教学内容就是魔鬼老师帮学员给他们搭讪认识的女孩发微信，效果比魔鬼老师跟自己的女孩聊天还好。

这只能说明另一个问题：这帮搭讪者都比魔鬼长得帅。

三三法则

搭讪认识的女孩，虽然有后续，但总是打不开话题，每次聊天都是“哦、呵呵、谢谢啦”，该怎么办？

这种女孩通常有三种情况：第一种，有礼貌，但对你兴趣不大；第二种，比较无聊，对你兴趣也不大；第三种，不善于聊天，但对你有点儿兴趣。

对待以上三种女孩，我们可以统一使用三三法则，具体操作要点如下：

一、每次互动只发三个回合，自己主动开始，自己主动结束。（当然，如果女孩突然热情了，咱们也要灵活跟进。）

二、每三至五天联系一次。

三、在第三次的第三个回合伺机进行一次模糊邀约。

所谓“模糊邀约”，就是一个约会意向，但不必说出具体时间，比如："哪天一起吃个饭？"下面举例说明。

（第一次）周二

搭讪者：做什么呢？

女孩：上班。

搭讪者：我也是，这会儿没事，突然想起你，就发个微信。

女孩：呵呵！

搭讪者：那咱们各自继续吧。

女孩：嗯！

（三天以后）周五

搭讪者：终于到周末了，明天可以睡个懒觉了。

女孩：哦！

搭讪者：你周末做什么呢？

女孩：考试。

搭讪者：那祝你好运！

女孩：谢谢啦！

（五天以后）周三

搭讪者：考试顺利吗？

女孩：还行。

搭讪者：我当学生时羡慕所有考试“还行”的同学。

女孩：呵呵。

搭讪者：“哪天一起吃个饭吧？”（模糊邀约）

接下来就到了关键时刻，需要按各种可能性来分别操作。

一、女孩答应了

1. 女孩：“好呀，到时候联系。”（这种情况你就不必再回复了，否则显得很啰唆。）

2. 女孩：“好呀！”

搭讪者：“到时候联系。”（这种情况你应该有个回复，否则显得没礼貌。）

对于以上两种情况，没必要马上再去确定具体时间，因为女孩可能只是出于觉得模糊邀约的压力不大才随口答应的，如果再继续追问，反而有可能把人家吓跑。所以，接下来最好空出两三天，让对方有一个心理上接受的过程，然后再把模糊邀约变成具体邀约。具体操作举例，比如到了周五。

搭讪者：刚得到一个好消息，本来这个周末要加班突然又取消了。你怎么样啊？

女孩：我们从来不加班的。

搭讪者：那就一起吃个饭吧，周六或周日，午饭怎么样？

这种情况下，女孩一般都会接受邀约的，万一她有其他事情拒绝了你，隔三五天你重复以上步骤就可以了。

3. 女孩："好呀，什么时候？"（说实话，这种好运很少见。外国女孩这样的似乎多一些，估计是人家女性社会地位高，也就没那么矜持，东方女孩能这样的仅限于非常自信、安全感高的一小撮人。）

搭讪者：我周末两天都有空，要不周六一起午饭怎么样？（原则就是要趁热打铁，当时就把具体时间确定下来。）

二、女孩明确拒绝

1. 女孩："不好意思，我不跟陌生人吃饭。"（或者："不好意思，我有男朋友了。"或者："不好意思，最近工作很忙。"）

所谓明确拒绝，关键就在于"不好意思"的这个"不"字。另外，"我不跟陌生人吃饭""我有男朋友了""最近工作很忙"也属于上推式思维，一般表示态度坚定。（关于上推式思维，我会在另外的文章中详细论述。）前后加在一起，基本就没的商量了，所以我们不要对着干，老老实实接受人家的原则是把你们的关系保持在最基础水平的唯一选择。

2. 女孩："最近这段都没有时间。"（比上面的委婉一点儿。）

3. 女孩："最近比较忙，以后再说吧！"（比上面的更委婉一点儿。）

连模糊邀约都明确拒绝的女孩通常属于本文开头三种情况的第一种——有礼貌，但对你兴趣不大。一般来说，这样的女孩有自己充实忙碌的生活圈子，我们唯一的对策就是保持联系，等待她的状态发生变化。当然这个过程比较漫长而痛苦，所以你最好继续搭讪。

遇到这样的明确拒绝，我们就不要再轻易去邀约了，微信频率也要调整为两三周一次，每次还是控制在三个回合，一直等到女孩的态度发生好转。但也可能这些永远都不会发生，毕竟我们不能搞定所有的姑娘。

对于第二、三种情况，女孩发生转机的可能性稍大一些，但原则还是要等女孩态度变了再去邀约，这个顺序一定要遵守。女孩态度变化的指标通常是她开始表达自己的感受，或者是开始对你有所关注——向你提问，或者当你谈论关于你自己的话题时她有响应。

三、女孩不置可否

常见回复："还要吃饭呀！""这样也行啊！""你经常这样吗？""为什么要吃饭呢？""我在减肥。""去哪儿呀？"总之是顾左右而言他，然后往往不了了之，更有甚者，会一反平时有信必回的习惯，突然就没动静了。但是，不置可否往往是有机会的。

这样的女孩基本属于本文开头三种情况的第二、三种——"比较无聊，对你兴趣也不大"以及"不善于聊天，但对你有点儿兴趣"。

无聊的人需要被引领，不善聊天的人让我们来主动。并且，此刻她们还有一个共同特征，就是对被陌生男人邀约这件事其实是有兴趣的，因为她们在兜着圈子谈论跟邀约有关的话题，表现出的也是跟正常时不一样的反应。所以，针对不置可否的女孩，我们可以选择大胆跟进。

针对上述问题，当时不必再追问，一两天之后，直接电话打过去，先聊个五至十分钟。因为我们确定她要么就是无聊，要么就是对自己有兴趣，所以不用担心会被讨厌。需要强调的是，一定要有这个聊天预热过程，因为虽然兴趣已经有了，但熟悉感的建立还差一点儿，原因是你们以前的微信交流有限。而此刻建立熟悉感的捷径就是在电话里好好聊一聊（毕竟此时她是愿意聊的）。等把气氛搞好，女孩有了熟悉感之后，我们再继续邀约，并且还要一鼓作气，确定接下来约会的具体时间。

有人怀疑，女孩这种顾左右而言他的方式会不会是一种委婉拒绝？对此我们可以这样分析。如果你们平时微信交流比较丰富，那么女孩就有可能是为了不破坏已有关系而委婉拒绝。但如果你们平时交流有限，说白了其实就是没什么交情可言，此刻突然邀约，结果她一下子说了很多，那么就可以确定女孩对这事儿是有兴趣的。当然，能不能让女孩接受邀约还要看你进一步的表现，总之，主动和强势在这种情况下是可以甚至是必需的。

这就是三三法则，是魔鬼搭讪班几十名搭讪者在几年来通过几百个案例总结出的经验。它的心理学依据是人们对寒暄的心理承受临界点——三个回合到头了，再多就让对方厌烦，而隔三岔五地这么联系一下，还能让对方觉得挺温暖。可很多男人一旦遇着自己喜欢的女人，只要对方有回复，就不知道收手，结果在女人眼里越变越讨厌。另外，模糊邀约也属于有分寸的关注升级，不会一下给对方带来很大压力。

循序渐进是对付打不开话题的对象的一种有效策略，但在完全有把握时，我们也要毫不犹豫地果断出击。所以，搭讪是门学问，约会更是门学问。

最后要承认一点，在我们的实践中，三三法则只适用于把对你不太感兴趣的对象约出来见第一次面，而且也并不是百分之百有效，但却是目前我所知道的对付“哦、呵呵、谢谢啦”女士的最好办法。

认可她的情绪，强调你的需求

搭讪时会遇到女孩们说这样的话：

“你吓了我一跳。”

“这样不太好吧。”

“我不太习惯给陌生人留电话。”

“我有男朋友了。”

“这感觉挺别扭的。”

…………

这是不是在委婉拒绝呢？这要看对方讲话时的态度，如果她神情冷淡，那么婉拒的可能性较大，我们知难而退就好；但如果她和颜悦色，那么可能只是女人在安全状态中的自我表达，这时我们不妨再坚持一下。回答可以统一参照这个模式——认可她的情绪，强调你的需求。

“你吓了我一跳。”——“我也知道会这样，但实在来不及想其他办法了，因为我真的很想认识你。”

“这样不太好吧。”——“我也知道这样不太好，但我真的很想认识你。”

“我不太习惯给陌生人留电话。”——“其实我也不太习惯这样，但我真的很想认识你。”

“我有男朋友了。”——“我也想到你可能有男朋友了，但我真的很想认识你。”

“这感觉挺别扭的。”——“我知道这样有些别扭，但我真的很想认识你。”

…………

男性思维在这种时刻往往会进入讲道理的程序，但这恰好是非常错误的，因为男女之事本来就没有对错可言，辩论只会疏远你和她的关系。而认可她的情绪则是为了拉近跟她的距离，拉近距离之后不妨再次强调一遍你的需求，也许此时对方就会重新考虑。但是记住，只坚持一遍即可，她要是继续拒绝就算了。

我和你妈都掉水里，你先救谁

这个问题我最早是上高中时在《读者》上看到的，当时编辑给出的正确答案是："我要救未来的妈妈。"文章后面还解释了答案的聪明之处是一语双关：男的在告诉女的，我妈是你未来的妈，你是咱孩子未来的妈。

记得当时这个回答让我深深折服，如今再回首，我最多给它70分。因为这句话只能让独自阅读的读者微笑，但很难让男人面前的女朋友微笑。

很明显，这只是一句玩笑话，一般出现在男女玩情调的时候。而玩文字游戏固然能表现机智，但并不适合多数女性的思维。

再进一步分析，情侣之间开玩笑，最好的方式是进行情绪互动，而非比智商、秀学问，更不是价值立场声明。所以，如果用这个标准衡量，"我要救未来的妈妈"就属于秀智商，还可以给

70 分；立场声明就更糟糕了，比如回答：“一个是爱情，一个是亲情，这怎么可以相提并论！”几乎不及格。

再看一个回答。男说：“我让我妈救你，她小时候就能在长江两岸游两个来回。”女友有些不高兴，说：“你为什么不下来救我？”男说：“我要是下来了，你就没救了，因为我不会游泳，我妈肯定先救我。”

这个回答可以给 80 分以上，因为它通过一个包袱制造了对方的情绪波动，并且使用先抑后扬的方式，在最后还向女孩表达了关心。

但这个回答的欠缺之处是，男方没有自己的情绪释放，双方的互动性不强。有情绪互动的回应可以是这样——男：“你们俩都掉水里了，我活着还有什么意思，我……我也下去吧！”虽然有点儿无厘头，但对方的问题也无厘头，两边正好抵消，剩下的只是情绪和气氛。

对比以上四种回答可以清晰地看出，跟女孩聊天，从坏到好的模式：讲道理——玩逻辑——扰动她——感动她。其实，还有个更正确的答案，那就是：“当然是救你了。”理由很简单，反正说这话时就你们俩在场呗！

“我给你介绍女朋友吧”

约会中，女孩说：“给你介绍个女朋友吧！”这话是什么意思，该怎么回复？

一早起来，学员独行在微博上问我，女孩第一次约会就说：“我把你介绍给我的一个好朋友吧，她挺好的，清纯、温柔、体贴，做老婆挺合适的。”这是不是对他有兴趣的暗示？

独行的问题让我想起腰腰的旧帖：在两个人关系还未明朗化的时期，你喜欢的女孩有一天对你说：“我给你介绍女朋友吧。”

你是拒绝呢，还是答应？

很多人觉得如果女孩这样对自己说，那十有八九是在拒绝和自己进一步发展——对你来说，我已经没戏了，赶快找别的目标吧！

但且慢……且慢……话要放在情景里看，保不齐反而有六成希望！

一、女孩和你关系普通，认识不久，她为人热情，直来直去。

这样的情景下，我觉得真想给你介绍女朋友的可能性较大。

热心肠的女孩有一天闲来无事，把身边的人拉郎配，扮一次红娘玩一玩，完全有可能。

她真心想给你介绍女朋友，是因为她觉得你看起来还算顺眼，介绍给姐们儿也不亏心。至于她自己看你，觉得不来电/没有发现你的好，总之就是对你还有那么一点儿不满意，介绍给别人也算物尽其用，留给自己还是狠不了心。

这样的情景下，我觉得用最普遍的回答方法就不错："行，就你这样的。"

无功无过，算是巧妙化解了对方的招数，又不着痕迹地小小地表露了一下自己的真心。

二、女孩和你关系颇为暧昧，她是个心思缜密、感情丰富、情商比较高的女孩。

这样的情景下，我觉得这句"给你介绍女朋友吧"，八成以上是试探！

她意识到你俩的关系有点儿暧昧，可进可退，但你又没有明确的表示，所以她假装随便问这么一句，想看看你的反应。

如果你回答"好啊好啊"，我相信她也不会有什么下一步举动，看你如此回答，显然是没打算和她进一步交往，所以她也懈怠下来，往后倒退一步。

如果你回答“不要，不想谈”，这个比回答“好啊”要好一点点，但因为你表示了主观的“不想谈”的态度，她可能会疑惑你是否没有谈恋爱的打算，所以她也不可能进一步，会观望。

情景 1 里说的答案其实也可以用在这里，或者你还可以假装生气，这样的回答态度反正不进不退。如果你打算继续暧昧，而并不想太快确定关系，就可以这样。（小警告一下：暧昧太久，女孩会跑的哦！）

若想将难题变机遇，索性小告白一记：“别麻烦了，就你了！”

我打赌没人听到这样的回答会生气，十有八九就是嫣然一笑说“讨厌”，自动转移话题。

但要注意的是，这样的告白因为带着玩笑和随意的口吻，只能作为你俩关系进一步的加分题，并不代表答对这一题。

我赞同腰腰的分析：女孩说这样的话会有两种相反的可能，一是把你往外推；二是试探你。刚认识的关系往外推的可能性比较大，有过一定交情的才可能是试探你。

当两个人在一起的时候，其中一方突然把话题引向要帮另一方解决情感问题，那么从一定意义上来说，这里暗含对你们关系的主导意味，也就是说，你们的地位会有倾斜的可能。这种情况下，你要是直接回答“就你挺好”，可能会进一步加剧你跟她的不平等，或者说，让你显得有些被动。

所以，我认为最好的回答应该既表现出对女孩的好感，又带一点儿戏谑，这样才能重新回到关系的平等与平衡。具体原则就是，依然表达“我喜欢你”，但是，此刻我喜欢的是你的一个并不当真的缺点。

回到这个案例，当女孩说：“我把你介绍给我的一个好朋友吧，她挺好的，清纯、温柔、体贴，做老婆挺合适的。”我建议回答：“可我对媒婆比较感兴趣！”万一女孩追问为什么，可以继续调侃：“有这么个妈，将来孩子就不会打光棍了！”

反向思维的幽默

这是在搭讪特训群里我现场指导学员邀约的一个案例。

女孩是搭讪认识的，后来他们又喝了一次咖啡，彼此感觉还不错。当天晚上 11 点时，两人在 QQ 上偶遇并且聊了起来。

开始的话题无非是“这么晚了为什么还不睡”，这个说我不困，那个说因为我也不困，然后又扯到“那你做什么呢”，这个说我在吃零食，那个说我在喝咖啡。接下来学员没话说了，于是就来群里求助。

了解了他们的基本情况之后，我建议进行一次试探性即时邀约。这样做的目的不是真的为了见面，而是通过这种略带敏感的提议进一步拉近两人的关系。当然，如果真能见面更好。

接下来，我开始逐条指导学员邀约。

学员："既然都在吃吃喝喝，不如我们一起吧？"（有你有我，有情有理。）

女孩："啊……怎么一起呀？"（缺乏安全感的未来时。）

学员："我开车去找你。"（明确直接的男性思维。）

女孩："晕……"（她撒小娇了。）

学员："晕是肯定的，如果你开车我坐边上，我也会晕的。"（平行，交换感受，我也撒个小娇，用女性思维交流。）

沉默了几分钟，女孩突然说："孤男寡女的，大晚上一起出去容易犯错误。"（因为想象到可能发生的亲密关系而引发的不安全感，同时也在对男人进行测试。）

学员："也对，上次我哥们儿跟一个女孩待了一晚上什么也没发生，后来他天天检讨，说自己犯了严重的错误……"

女孩："哈哈，你这人真有意思！"

当面临关系升级的关键时刻，女性总会伴随着出现一些不安全感，我更愿意理解为两性关系中女性思维的特有现象，即对未知事物的恐惧。在这个案例中的未知事物就是接下来两人可能发生的亲昵行为以及可能建立的亲密关系。多数男人此刻注意力高度集中在“性目的”上，所以往往忽略其他无关感受，只会一心一意甚至奋不顾身。相反，那些事到临头却优柔寡断的男人则被传统称为“缺乏男子气概”。

但是，约会的艺术恰恰在于“男子气概”与“女子脾气”的平衡，如果你既能勇往直前，又会照顾她的感受，那么这样的男人才有资格被称为“恋爱达人”。

所以，在“孤男寡女大晚上一起出去容易犯错误”的这个案例中，我们要把应对的内容指向如何放松女人此刻的感受。她们所顾虑的原因是很俗的，我们完全不必进行道理上的说服，甚至可以大方地承认。只要把这个事理常规作为一个道具，玩个文字游戏、做个脑筋急转弯，逗女孩子笑一笑就行了。

第 三 章

约会的技巧

让你比 80% 的男人更懂追女孩（上）

说到如何追女孩，有人就会联想到套路或者技巧，而我更愿意把这看作一门正常的社交学。以我长期从事约会指导的经验来看，多数人在追求异性时受挫，主要还是因为没有遵循人际交往的基本规则。换句话说，真正需要技巧才能解决的只占问题中的一小部分，而只要做到不违反人际交往的基本规则，就可以大大提高我们追求异性的成功率。

同时，还有另一种与技巧派对立的观点，认为恋爱最重要的是靠真诚，可是不加控制的真诚同样会导致违反人际交往的基本规则。世上陷入爱情的人基本都是真诚的，但其中大部分还是得不到他们想要的结果。

没有遵循规则主要有两个原因：第一是不知道有规则，这也难怪，因为从来没有一个正规途径教授这些；第二是虽然知道规则，但由于人在恋爱时特有的患得患失的心态，导致知而不行。

下面我就结合魔鬼约会学的分层升级理论来给大家讲讲男女交往的基本规则。男人女人，从完全陌生到如胶似漆，通常需要经历四种关系：搭讪关系——认识关系——朋友关系——情侣关系。

所谓“关系”，就是双方共同认可的交往方式，这里的关键词是“共同认可”——任何一方随时可以不再认可，且另一方不可勉强。

搭讪关系：邂逅的双方认可彼此进行交谈，即建立了搭讪关系。女性随时可以结束谈话离开，男性不应该追着对方继续讲话。

以前我都是使用“不要死缠烂打”这类语言来描述“不应该追着对方继续说话”，后来发现还是落实到具体行为上更加准确。因为不懂社交规则的人恰恰就是不懂死缠烂打与尊重别人的界线到底在哪里。他们会认为追着别人说话是为了表达自己的真诚，其实他们正在破坏人际交往的基本规则。破坏规则绝不仅仅是道德问题，从实际利益上看，不懂规则的人也会是社交生活的失败者。

认识关系：留下微信代表双方认可互相联系，但以后女孩也可以不回复你的微信。如果女孩一直都不回复，即代表她不再认可认识关系。

那些遇到女孩不回复就不停地继续发微信，并且询问对方为什么不回复的男孩，其实就是触犯了认识阶段的交往规则。当然了，这跟现实世界的所有其他规则一样，触犯不等于一定都会遭到惩罚，即使遭到惩罚也没什么可奇怪的，毕竟在这件事情上遭惩罚的比例其实相当高。

朋友关系：双方都有时间，且双方都有意愿的时候就可以相约见面。同理，如果某次见面之后再也约不出来，其实就代表朋友关系结束了。

有些男生在邀约时会不停追问女孩什么时候有空，他们的想法是，如果双方都有空，那么还有什么理由不见面呢？让他们可以如此理直气壮的原因是："我又没要跟你谈恋爱，我只是想跟你做个普通朋友，你为什么非躲着我呢？"但是根据上面的关系理论，大家就可以明白，这种做法已经触犯了普通朋友的规则，因为关系不取决于交往目的，而是交往方式，人家没有跟你见面的意愿就可以不见，这才是朋友关系的实质。

情侣关系：双方都有时间，且任何一方有意愿的时候就可以联系或者见面。

一个男生向我咨询，说跟女朋友相处了半年，每个周末都会见面。但最近这段时间，女朋友开始找各种理由推托周末相处，微信也经常不回复。男生想不通这是怎么回事。对照上面的关系理论很容易得出结论，女孩已经逐渐不想认可情侣关系了，接下来的结果，很可能是分手，不过应该还有机会做朋友。

但男孩继续告诉我，他曾多次在电话里指责女孩不该这样对待他们的关系。这恰恰表明在男孩的意识里，他不知道对方可以随时不认可情侣关系，同时他还认为自己有要求对方继续履行女朋友角色的权利……男孩违反了交往规则，结果是自己出局，最后跟女孩连朋友都没做成。当然，连朋友都不是了，就更谈不上挽回的可能了。

以上我们大致了解了一些常见错误，下面再说说正确的操作应该是什么。

首先讲一个最常见的问题——联系频率。很多男士一旦认识了自己心仪的女性，就忍不住每天联系，甚至一天联系几次，可这样做不但无用甚至有害。其实，认识的初期阶段，从一周联系两三次到一两周联系一次都属于正常范围，保持这个区间的联系频率完全不影响两个人下一步成为情侣的机会。当然，如果双方都积极自愿地每天联系，那就代表应该马上升级关系了；否则，如果只是一方在勉强地每天联系，那么反而容易导致关系降级。

再说说升级要点。在分层升级的过程中，如果前一层级交流顺畅，那么，自然就可以晋升到下一层级，男士只要简单直接地提出升级要求即可，比如加个微信吧，出来吃饭吧，咱们在一起吧……注意！升级取决于前一层级的交流顺畅，但在教学中，我发现这样的说法对直男思维是没用的，因为，“顺畅”跟“死缠烂打”一样，又是个感性的概念。直男不懂什么叫顺畅，女孩觉得不顺畅的也许直男觉得特顺畅。由于直男们大多喜欢打游戏，所以我把“顺畅”改为针对具体行为的升级信号。想获得升级信号，就要完成每个环节的相应任务，但很多人不知道真正应该做好的是什么，并且经常把精力放在没必要做的事情上，这正是他们追求失败最常见的原因。

第一阶段：搭讪关系

目标：留下联系方式。

升级信号：友好交流。只要女孩面带微笑地听你说话，你就可以要求加微信了，你甚至不需要女孩说话。

任务（应该做的）：给别人留下良好的第一印象。第一印象包括得体的衣着、举止、谈吐，以及诚恳和轻松的态度。

错误任务（没必要做的）：展现自己的专情、展现自己的独特。

举个反面例子，有个在国外读书的男孩，非常想认识同校的一个女生，思来想去，他化装成圣诞老人站在女孩的必经之地截住女孩，先对女孩做了个鬼脸，吓了人家一跳，然后再微笑着说“我注意你很久了，所以想用这个特别的方式来认识你”，结果那个女生不但拒绝了他，而且以后见他就绕着走。男孩的错误就在于太想展现自己的专情与独特，而忘记了先要做好一个正常人。

第二阶段：认识关系

目标：约出来见面。

升级信号：友好联系。女孩经常回复你的微信，或者有大量的倾诉（或关注）。

任务：留下良好的第二印象。第二印象包括两部分：1. 你的朋友圈展示；2. 你能够正常地聊微信。

错误任务：展现自己的专情、展现自己的独特。

很多人觉得跟女孩聊微信最好时时处处风趣幽默，但实际并非如此。风趣幽默固然不错，但那是锦上添花的事情，并且表现不当就会弄巧成拙。比较稳妥的做法是，微信交流只需诚恳自然，偶尔带一点儿幽默，显示你不是一个无趣的人即可。

另外，我发现很多不善社交的男士都不重视他们的微信朋友圈，要么是朋友圈一片空白，要么是只有转发，没有自己的生活展示，要么是虽有生活展示但效果让人根本提不起兴趣。要知道，在当今这个社交网络的时代，朋友圈是让新朋友了解你的一个重要窗口，你不好好打理它，姑娘就去了解那些朋友圈有吸引力的男人了，根本不会再在你身上花时间。

第三阶段：朋友关系

目标：成为情侣。

升级信号：当面在一起时，对方对你表现出依顺和服从，或者有大量的倾诉以及关注。

任务：1. 你的真实情况（包括你的工作收入、成长经历、家庭背景、生活习惯等）符合对方的择偶标准；2. 你的性格让对方觉得合适。

很多人首次约会之后再无机会，相当一部分原因是真实情况不符合对方要求。凡是由于第一印象、第二印象以及真实情况而被拒绝的，就是我们通常所谓的“看不上”。

那么如果没有被“看不上”呢，又会出现两种情况。

一、你的条件只是达标，并不出色，于是进入备胎行列。这时候，女方会与你保持适当的接触和联系，但不会特别积极。

二、你的条件非常优秀，女方会积极与你继续交往。这时候又会有两个分支：1. 对于安全感比较高的女性，她们会立即与你进入情侣关系，然后在情侣关系中了解彼此性格，这样效率更高，但对女性的风险也大；2. 对于比较谨慎的女性，她们会跟追求者以朋友关系交往，在朋友关系中了解彼此性格，这样的效率低，但对女性的风险也小。

了解性格是个相对长期的过程，所谓性格，我的理解就是一个人在各种情况下的反应。如果说第一印象、第二印象以及真实情况属于一个人的静态信息，那么性格就是一个人的动态信息了。所以，了解性格就是看这个人在各种事件、情境、冲突、压力下的表现。

举个例子，在交往中，有时候明明进展顺利，突然间女孩的态度会莫名其妙变冷淡。很多男性遇到这种情况都会寻找原因，解决问题，但大量的实践结果显示，女性就是“不可了解”的，努力的结果常常是把情况进一步搞砸，所以后来我这样理解这种行为：她们就是在通过莫名其妙的冷淡考察追求者的性格，这是雌性在长期进化中形成的筛选雄性的方式，可能连她们自己都意识不到为什么要这样做，但她们只需要看到结果就够了，结果就是追求者在压力下的反应。而那些慌乱跪舔、气急败坏的男性都应该是被刷掉的对象。

因此，对我来说，只要我做好了每个阶段该做的任务，对于女孩突如其来的莫名其妙的冷淡（偶尔也包括莫名其妙的热情），我都采取坦然处之的态度，而不再去探寻无意义的原因。结果显示，这样应对的效果往往最好，通常过一阵子，女孩的态度就又莫名其妙地变好了，两人的关系继续发展。

也许有人会问，如果什么都不做，会不会两个人就渐行渐远了？说实话，这绝对有可能。但从概率上看，因为以静制动而渐行渐远的可能性远远低于因为解决问题却把关系搞砸的可能性。

所以，我认为追女孩这事其实并没有想象中那么复杂，当然有一个基本前提是彼此的价值需要匹配。在这个基础上，通过第一印象、第二印象、真实情况、性格匹配，这四个环节逐步了解，最后建立长期关系。只要你别违反男女交往的基本规则，做好各个阶段你该做的事情，那么你就比80%的男人更会追女孩了。

道理说出来如此简单，可为什么情场上还总是有那么多失败者呢？下一篇，我们继续聊聊男人对理性选择知而不行的心理原因。

让你比 80% 的男人更懂追女孩（下）

这场延续基因的竞赛非常考验人性的弱点——多数人总希望能够立竿见影、一击必中、万无一失，却懒得（或者恐惧）思考和执行与成功率有关的事情。换句话说，他们只愿意在“成功”跟“不成功”之间选择，而不愿（或者不敢）在 50% 的成功率跟 60% 的成功率之间选择。

举个例子，当我正在写这篇文章的时候，突然有个哥们儿给我打来电话。我这哥们儿条件相当不错，属于有才华、有气质的那种，看了我的书之后，心血来潮搭讪认识了一个美女，然后第二天就直接约女孩一起吃午饭，结果姑娘拒绝了他，于是他打电话向我咨询失败的原因。

我告诉他，你条件不错也挺会跟女孩聊天，如果你跟她在微信上先互动一阵，她对你的好感一定会逐渐增加，我相信你差不多百分之百能把她约出来。可如果你没有交流就直接邀约，你在她眼里就跟其他男人区别不大，初始约出率不会超过 10%。所以，如果我是你，至少也要聊两次，让约出率至少达到 60% 以上再邀约。只有那些纯靠颜值的草包男人才适合第一次聊就邀约，因为那是女孩对他们好感的最高点。

然后，我那哥们儿说："可是我就在北京待一天，明天就走了……"

我语气认真地问他："这事跟你的约出率有关系吗？"

哥们儿仔细想了一下，喃喃地说："好像也是，没什么关系。"

我进一步说："很多男人追女孩的时候，都是你这种思维，说白了就是只从自己的需求出发，不考虑对方的需求。其实，你要离开就离开呗，先微信上不紧不慢异地聊着，下次再来北京水到渠成正好约嘛。"

可以想象，我哥们儿那天联系美女的时候，脑子里想的是："约"就可能"见"，"不约"就不可能"见"，在"见"和"不见"之间选择，当然要选择"见"，于是也就选择了"约"。这都是人本能的感性思维，只有理性思考才会让你在"某次约"跟"约出率"之间做选择。

再把这种情况推广一下，大多数男人追求女性时，想的都是"做"就"可能成"，"不做"就"不可能成"，于是他们选择的永远都是"做"，其结果就是虽然他们一直积极地"做"，但全部都是一系列低成功率的无效行动。而高手则会理智思考、耐心等待，让自己只做高成功率的靠谱事情，如此积少成多，双方的差距才日渐增大。

菜鸟忙来忙去，最后只落得喝闷酒或者在家独自打游戏，而高手不需要跟女孩没话找话地聊微信，也可以天天约会、夜夜笙歌。

下面，我们再分析一个生活中特别常见的例子。相亲关系，双方约会过几次，男方表达了比较明确的追求意图，女方既没接受也没拒绝。目前关系处于不温不火的状态，女方的微信回复时而热情时而礼貌，对男方的邀约多数推托、偶尔接受。男方该如何突破困境升级关系？

对照上一篇的理论，可以看出双方经过了解真实情况的阶段，女方对男方的初始评估已然完成，男方并不是特别出色，目前进入备胎行列。

促使我写这篇文章的动力之一就是，在做此类恋爱咨询时，我不止一次遇到这种情况，当我给求助者说出几个方案，比如我说“你这样做可以有 50% 的机会，那样做可以有 60% 的机会”，求助者常常会认真地问我：“老师，家里催得紧，还有没有更有效的方法？”每每这时，我都有想找块豆腐一头撞上去的感觉……

在认真讨论这个问题之前，我先讲一个故事。因为一个制度上的偶然失误，一群正常人被关进了精神病院。在这种情况下，其中多数正常人都情绪激动地要求马上把自己放出去，他们用各种方法向医生证明自己是正常的，但全都没用。医生们对此类状况早就习以为常，根本置之不理，甚至狠狠惩罚了闹得最凶的为首分子。在所有这群人中，只有一个真正聪明的人被提前释放了，他用了什么办法呢？在他发现医生搞错了之后，他立即进入一个听话病人的角色，医生让吃饭就吃饭，让睡觉就睡觉，并且还会对医生说“谢谢”“早安”和“再见”，通过行动让医生发现这是一个能够跟别人正常交流的人。于是，几天之后，医生就让他回家了。离开医院之后他去报警，才解救出剩下那些关在医院的同伴。

所以，离开精神病院的关键，不是让医生觉得你懂得很多，而是你可以正常交流，这其中的道理特别适用于备胎上位。

世上所有不甘心的备胎，都想尽快告诉对方“是你搞错了，是你还不够了解我，不了解我的能力、我的条件或者我的真心”，但是，他们忘了“评估完成”这个事情，自己之所以进入备胎角色，正是因为女孩认为“我现在已经了解你了”。

备胎这个角色的关键点不是普通朋友，而是“评估完成”，所以你至少要接受这个角色一段时间。然而，就像被关进精神病院的正常人一样，备胎都觉得自己不应该待在这里，想马上跟女神再好好谈谈，让自己立即被放出去。

通常他们会这样思考困境的解决之道：有些男人明明条件很

一般，却能把女人吸引得神魂颠倒，所以就算我不够出色，是不是也可以借鉴一些方法和技巧，让女神对我再热情一些？

于是，他们积极频繁地联系对方，绞尽脑汁地聊天，殷勤备至地关怀，但结果却让自己在对方心目中的地位越来越低，形象越来越差。

问题在哪里呢？本文的上篇内容已经给出了答案：无视自己目前的角色，违反了人际交往规则。基础不正确，再会聊天、再有技巧也没用。

方法技巧跟社交规则是两码事，基本没有因果关系，而菜鸟认为的却是，有了方法技巧，备胎分分钟可以转正。所以他们才喜欢问“我情况紧急，还有没有更有效的方法”。

一个真正的高手如果发现自己处于备胎地位，那么他该做的事情是控制联系频率和提高联系质量。高手之所以是高手，不是因为他们从不做备胎，而是他们做备胎的翻身率远远高于普通人。他们会以备胎角色与女方进行交往，尊重社交规则，尊重客观事实，但他们能抓住那些有限的交流机会，展示自己的真实水平。而菜鸟的问题则是，他们在交往方式上时刻不甘心备胎地位，天天联系、没话找话其实就是最好的证明，同时，他们的交流质量还惨不忍睹。这样的男人，又怎能不成为恋爱游戏中的失败者？

道理说到这儿，菜鸟还常常会这样发问：既然有那么好的交流能力，为什么不能创造交流机会，早些翻身呢？

因为交流结果除了你的交流能力，还取决于对方的交流意愿，在对方不想交流的时候强行交流会有很大风险（不存在百分之百完美的“创造机会”）。即使你是个交流高手也会被严重扣分，所以真正的高手没必要让自己冒这种风险，他们通常会这么思考：既然我有这么好的交流能力，为什么不等到姑娘愿意交流的时候再交流呢？反正世界上的姑娘多的是……

但这时候，菜鸟又会这样继续发问：如果女孩没有愿意交流的信号呢？

答案：耐心等待。

菜鸟还会继续发问：如果总也等不到呢？

答案：那就说明这个追求失败了。

最后菜鸟会说：我接受不了这样的结果！

于是，他们还是会马上采取行动，甚至在一段时间看不到结果后，找女孩摊牌：“行不行你现在给个痛快话！”当然，痛快话百分之百都是不行。

结语：这世界上如果有一件事可以不太需要努力就能得到收获，那就唯有追求异性了，前提是你具备如下三点：

1. 会聊天、会调情。（知道该做什么。）

2. 懂得交往规则。（知道什么时候该做什么。）

3. 正确的恋爱观。（什么都不做的时候还能保持好心态。）

之所以道理如此简单，大多数人却依然是恋爱的失败者，就是因为很少有人同时具备这三点。其中最菜鸟的那些家伙属于"三无"，并且他们还天真地以为只要具备了第一点（能说会道），就可以解决一切问题。

男追女的分层升级理论

男女交往是一门心理学，不明就里或者缺乏经验的人往往从第一步开始就犯错误。

“你好，我想认识你，能留下你的手机号码吗？”这是最典型的错误。

“我想认识你”是一个需求，目的是进入搭讪关系（要求即时交谈）；“能留下你的手机号码吗？”又是一个需求，目的是进入认识关系（要求联系方式）。一句话中提出两个需求，也就意味着一下子要求两次关系升级。

要点一：从陌路到情侣，男女关系是以层级模式递进的。

包括：搭讪关系（即时交谈）——认识关系（获得联系方式）——普通朋友关系（约会）——好朋友关系——男女朋友关系。

要点二：除非存在强烈吸引，否则关系要一层一层地升级，需求要一个一个地提出。

在具备强烈吸引的时候可以跳跃升级关系，常言所说的“一见钟情”或“一拍即合”即是如此，但这里我们主要讨论正常吸引情况下的交往规律。

要点三：升级之前要有交流，交流时使用女性思维；升级之时要提出需求，使用男性思维。

有人会质疑，直接提出需求会不会让女方压力过大？其实“压力过大”往往是由于在没有强烈吸引的情况下，我们自己提出了越级要求，或者女方把我们的正常要求误解为越级要求。比如，“我想认识你，留个电话吧！”——这是我们自己在越级要求。或者，男：“我想认识你。”女：“抱歉，我有男朋友了。”——这是对方误解出的越级要求，但这是没办法的事，所以我说过我只能为理解自己的人而搭讪。

要点四：每一个关系层面都要有安全感和熟悉感，提出需求建立安全感，沟通交流建立熟悉感。

不妨这样做个比喻：你进入了一个女人所处的洞穴，为了不吓到她，你首先要告诉她你是谁以及你想干什么；等她放心之后你在离她远一些的地方坐下，跟她随意闲聊，让她逐渐适应自己空间里新增加了一个生人；等机会合适了，你起身靠近一些，再坐下闲聊；然后再靠近坐下闲聊……

提出需求，可以消除在进入新的关系时，对方对你意图的不确定而产生的不安全感；沟通交流，可以消除对方对新的关系产生的不适应感。交流包括信息分享和情绪分享，在初期阶段（搭讪关系、认识关系），信息分享所占比重大，到了后期阶段（普通朋友关系、好朋友关系），情绪分享所占比重大。只有在当前的关系层面产生熟悉感之后，我们才可以继续升级关系。

直接提出需求除了能增加安全感之外，还有另外两点好处：一是彰显男性本色，交流时已经女性化了，此时正好平衡一下；二是降低追求成本，因为在两性交往中，即使我们采取了正确的策略也不一定就能得到希望的结果。女人从本质上是不可了解的，所以降低成本，多去选择是保障男性个体利益的最佳方案。

不过，直接提出需求并不是升级关系的唯一方式，有时候自然而然、顺水推舟甚至灵光乍现都可以让关系平滑地进入下一个层面，但这不是魔鬼约会学关心的内容，我们的目标是低成本的可操作方法。

顺便还要声明一下，魔鬼约会学绝对达不到“让任何男人在任何情况下吸引到任何女人”的境界，也做不到“穷小子追上富家女”，我们只是让那些本来具备一定吸引力的男女能够顺利走到一起。

接下来，我们把从搭讪开始的全部流程按魔鬼约会学的方法给大家演示说明一遍。

茫茫人海中，你跟她素不相识……

男："你好，我想认识你。"——简单直接的男性思维，提出一个需求。

女："为什么啊？"——态度良好的女性思维，说明安全感过关，两人可以进入交谈关系层面。

男："不好意思，因为我的班车还有十分钟就要开了，但是觉得不认识你一定会有遗憾，所以脑袋一热就冲过来了。"——状态＋感受的陈述，就此进入搭讪的交流阶段，此处省略3000字……

其实都是鸡毛蒜皮的废话，但是女性思维的交流方式就是这样，魔鬼约会学不主张在搭讪时展示高价值，容易让别人觉得你在刻意炫耀。

搭讪阶段可以继续升级的熟悉感标准其实相当低，女方能友好地听你讲话即可。信息分享和情感分享都可以不需要，只要让对方觉得跟你待在一起不别扭就行。因此你随便聊点儿什么都可以，关键是不要沉默不语。不必追求多么华丽、多么深刻，能够坚持上五至十分钟你就可以要电话号码了。当然，能聊得精彩更好。

当有了一定的熟悉感时，从搭讪关系向认识关系直接升级——男："给我留个你的电话吧！"

每一次以男性思维提出需求（也叫意图声明）都要面临被拒绝的可能，这是作为一个男人在两性关系中必须承担的风险，逃避这种风险的男人面临的是绝种的可能。在面对拒绝的时候，有的男人会继续坚持，但魔鬼约会学提倡另换目标。严格对比，你会发现两种做法对最终结果的影响其实不大，差别只是大家对面子的理解不同，所以约会学归根结底都是有价值观的。

在获得了她的联系方式之后，你们的关系进入认识阶段。对多数女性而言，认识一个男人和跟他再见面是有区别的，这依然可以理解为一种需要升级的关系，因此接下来就需要通过交流去积累熟悉感。这里强调一点，即使是信息分享，也应该基于女性思维的表达方式，比如在介绍自己的职业时，讲讲你工作时都做什么比直接说自己的工作是什么要好。

认识阶段可以继续升级的熟悉感标准也没有多高，只要她对你的信息有回复就行，哪怕没有实质内容，只要次数够了（三三法则）就可以向普通朋友关系发起升级，当然还是直截了当地提出需求——“下周一起吃个饭吧”或者“明天见个面吧”。当需求被拒绝时，不要沮丧，更不要懊恼，随时退回交流阶段，甚至也可以把拒绝本身作为新的话题——“哦，又要出差呀，这个季节去南方不错，我刚从那边回来。”

到了可以见面的时候，你们的关系也就从认识阶段进入普通朋友阶段了。在这个关系层面，男士往往有直接向男女朋友关系升级的冲动，但这跟“我想认识你，留个电话吧”属于同一类错误。除非你们之间存在强烈吸引，否则将导致关系降级或永久停留在普通朋友阶段。常言所谓的“表白就死”指的就是这种情况。因此，为稳妥起见，还是应该先向好朋友关系发展。

跟普通朋友关系比较，好朋友关系多出以下四个特点：1. 了解彼此的情况；2. 她也会主动联系你；3. 能分享彼此的心情；4. 能培养出亲密感。

亲密感是在好朋友关系和男女朋友关系中才有的感觉，排在安全感和熟悉感之后。亲密感不等于亲昵行为，而是一种心理上的感觉，就是当她习惯了你的存在之后，她会不习惯你的不存在。在把友情变成爱情的过程中，亲密感是非常有用的，因为女人更害怕失去。可惜很多男人只想跟女人做男女朋友，而不愿跟女人做好朋友，因此也就少了一个可以利用的因素。

搭讪关系、认识关系以及普通朋友关系阶段的安全感归根结底都是要让女方相信，你不断升级关系的目的是为了继续深入了解她。当然，想要了解肯定是基于存在好感，因此我们完全不必掩饰好感，但一定要表现出对相互了解的需要。

普通朋友阶段可以继续升级的熟悉感标志是她主动跟你情绪分享，当这样的情况经常出现之后，你就可以向好朋友关系升级了。

向好朋友升级的要点是要把你的追求者角色暂时放在一边，

开始用好朋友的规则跟她交往，这其实也是平等心态的表现，有利于进入男女朋友关系。所有的爱情都是基于平等的，一见钟情的强烈吸引是平等，从好朋友到恋人的自然吸引也是平等，而那些失败的追求往往自始至终都是不平等的。

好朋友阶段可以继续升级的熟悉感标志是她开始对你保持关注——经常向你提问或者对你的任何陈述都有热情的响应。到了这个时候，你就可以向男女朋友关系发起升级了。

在升级男女朋友关系的时刻，对很多男士来说，压力不亚于搭讪开口的那一瞬间，所以他们经常会选择非当面表白——在微信或者 QQ 上说点儿亲密的话去表达心意，可实际上这种效果非常不好。文字表白只是降低了失败的尴尬，但从成功率的角度看，还是当面表白更好。

当面表白可以分为身体接触以及语言表白两种方式，前者纯感性，后者可以理性也可以感性。身体接触包括拉手、挎臂、揽腰、拥抱、接吻等亲密行为。不同文化对不同关系的亲密行为界定不同，多数东方人只有到了男女朋友关系才能身体接触，但近些年在好朋友关系中，有的人也可以接受拉手、挎臂或者揽腰的行为，这给我们的判断造成极大干扰，所以我觉得中国的约会学比西方的要复杂多了。

表白只是一个升级关系的意图声明，目的还是让女方对接下来的关系产生安全感，之后你们还是要有充分的交流才能最后走到一起。因此，不要把表白等同于最终的成败，有时候就算表白成功转天也会遭遇分手，反之即使表白被拒说不定也会柳暗花明。

男女能够在一起，最终靠的还是相互吸引。吸引足够的话，其他因素都可以忽略。

吸引有四个要素：1. 生物价值（身材相貌）；2. 社会价值（金钱地位才华）；3. 性格脾气的匹配；4. 能够填补需求（无聊寂寞情感空档期）。其中要素 1 在搭讪阶段就可以确定，要素 2 在普通朋友阶段一般也能确定，要素 3 到男女朋友阶段才能最后确定，要素 4 永远随时间不断变化。

因此，如果具备强烈吸引，我们当然可以随意升级关系，但当吸引强度不够时，我们最好就按流程进行。因为每升级一次关系后，我们都有可能让自己增加新的吸引。比如，搭讪阶段，你只能依靠外表的吸引；而到了认识阶段和普通朋友阶段，你能增加社会价值的吸引以及一部分性格脾气的吸引；再到了好朋友阶段，你就有机会展示更多的内在魅力。另外，填补需求的吸引可能性还会贯穿始终。所以，只要不出局，你就一直有机会，站到最后的往往就是胜者。

如果吸引是能量，那么交流就是能量的一种传递方式。生物价值不需要交流，通过视觉就可以传递；社会价值可以通过视觉传递也可以通过信息分享传递；而性格脾气的匹配则必须通过情绪分享才能传递。

考虑到个体的相对稳定性，因此情绪分享是唯一能够让吸引力发挥主观能动性的领域。有些人能做到一见如故，就是能在短时间内与交流对象实现情绪分享，而那些被发好人卡的男人往往即使跟女人相处了很长的时间，也不会进行情绪分享。

糟糕的交流可以破坏女人继续交往的兴致，却不会破坏男人的兴致。因为男人是理性动物，男人达到目的靠的是坚韧不拔的毅力，而女人是感性动物，女人前进的每一步都受情绪的影响。交流中的情绪分享有助于疏导情绪，所以这对女人比对男人有更多的意义。

另外，交流中的信息分享有助于让对方了解你的社会价值，从而提高安全感和吸引力。在搭讪阶段，刻意展示高价值是不合适的，但到了认识阶段以及普通朋友阶段，我觉得可以本色一些，把你在多数人面前的样子展现给她就好，既不必张扬也不必低调，应当如实介绍自己的情况，尤其避免为了显示个性而让女方错判你的社会价值。有人说："我模棱两可地介绍自己的情况，也许她觉得我的社会价值更高，这样行吗？"在魔鬼约会学里，这属于欺骗误导。

常见问题

一、如何应对向各个阶段升级时遭遇的拒绝

向搭讪关系升级，女方态度冷漠、明确拒绝，我们欣然接受

就好，不必回应。

向认识关系升级，我们只提出要电话号码，但女方给什么，我们就接受什么（电话号码、微信、QQ、微博都行），什么都不给也行。

向普通朋友关系升级：女方如果下切式地拒绝见面，我们可以过几天再约；女方如果上推式地拒绝见面，我们可以过几周再约。但其间一定还要保持交流。

向男女朋友关系升级，被拒绝的情况各式各样，讨论起来比较复杂，但只要女方还愿意跟你单独见面，你就有机会。这时候耐心很重要，时机不到，不求有功但求无过；时机一到，一定要再次果断升级。

二、进入各个阶段的直接升级的方法是什么？

搭讪阶段：我想认识你。

认识阶段：留个电话吧！

普通朋友阶段：一起吃个饭吧！

好朋友阶段：没有明确升级标志。

男女朋友阶段：身体接触或语言表白。

三、各个阶段安全升级的最低有效交流标准是什么？

搭讪阶段：女方友好地听你讲话，或者回复中有倾诉（或关注)。

认识阶段：女方经常回复你的信息。

普通朋友阶段：女方跟你分享情绪。

好朋友阶段：女方对你有关注。

达到升级标准之后再去升级，不等于做了就一定会成功，而是说即使失败了也不会出局或降级，你以后还有机会。但不够升级标准而贸然升级则会导致你永远失去追求的资格，所谓“表白就死”指的就是这种情况。

男女在一起最终靠的是吸引，但吸引是变数，吸引大的话怎么都可以，吸引不够的话就要遵循一定的方法，遵循方法的目的是等待增大吸引的机会，而交流则是方法中最为关键的部分。

女人如何倒追男人

女追男的最大难点在于分寸不好把握，偷偷喜欢上男人的女人其实不少，但她们都纠结该怎么出招儿，太主动了会让人轻看，太矜持了又会失去机会，到底怎么做才合适呢？魔鬼约会学给出了一个简单的原则——“分阶升级，阶内主动，升级勾引”。

先把男女交往分成四个阶段：1.搭讪阶段；2.认识阶段；3.约会阶段；4.情侣阶段。

你发现一个吸引你的男人，跟他开始一段交谈，然后获得他的联系方式，这就是搭讪阶段；有了联系方式之后，你跟他微信或者电话，直到你们相约再次见面，这就是认识阶段；从再次见面开始，你们继续约会，直到言语表白或者肉体亲昵，这就是约会阶段；接下来就是情侣阶段，能进入情侣阶段，追求就算成功了。

在上述四个阶段中，女追男都可以在阶段内部遵循主动原则，完全不必矜持，做个男性思维的女汉子；在升级之时遵循勾引原则，适当保持矜持，做个女性思维的狐狸精（男追女却正好反过来，阶段内要女性思维，升级时要男性思维）。以下我们一一详解。

搭讪阶段

你在聚会上注意到一个不错的男人，你想跟他认识。那么你需要让他知道你的这个愿望，但你不必把愿望转化为完整的行为，只要给出足够的信号即可，行动要让他来最后完成，这就是勾引。比如，你出现在他的视野中，让他注意到你，这是个主动程度为50%的信号；你看着他，让他发现你在关注他，这是个主动程度为70%的信号；你冲他微笑，让他知道你对他有兴趣，这是个主动程度为90%的信号。当然，如果你直接走过去跟他打招呼，这就是主动程度为100%的信号了。不过实践证明，90%主动的信号效果是最好的，要给男人留下最后的10%，原理我们稍后解释。当他走过来与你开始交谈之时，你们跨越了陌生关系的第一个门槛，进入搭讪阶段。

接下来就是搭讪阶段层级内部的交流。通常女人在与刚认识的男人交谈之时，总是倾向于消极被动，害怕热情会让自己显得轻浮，但这些担心完全多余，因为在层级内部的交往中，热情一点儿并不会使你们的现有关系发生实质性的改变，无论你多主动说话，你们都是刚刚认识的两个陌生人而已。想明白这一点，就可以放心大胆地行动了。但是到了搭讪阶段的结尾，你需要获得他的联系方式，你们的关系将由此进入下一阶段，这时，女人就应该讲究一点儿技巧了。最好不要太过直接，最佳策略就是“9：1法则”，你释放充分信号，完成升级所需的大部分铺垫，而把最后一步当成一个需要解决的问题抛给男人。比如，你可以说：“这太有趣了，回去我一定要好好研究一下，对了，如果以后我还不明白该怎么办呀？”然后等他主动把联系方式留给你，这样你们就进入了认识阶段。

认识阶段

进入了认识阶段的层级内部，在交往中你同样可以主动出击，完全不必等他先来联系你。在这个区域保持矜持毫无意义，你可以没事就给他发微信、打电话，随意闲聊几句，让你们之间逐渐建立起一种习惯——你跟他的联系很正常。有了这个默契之后，你才可以为升级创造机会，原理依然是“9：1法则”。比如，某个周末的下午，鉴于你主动联系他已经很自然，所以你又可以打电话给他，问问他在做什么。如果他恰好没事，你就说你刚刚被朋友放鸽子了，正一个人在商场晃悠，不知道接下来该干什么，或者是你想去看个展览，但又怕自己找不到地方，总之就是个小难题，把你们的首次约会挂上一面英雄救美的旗帜。

约会阶段

当你跟他见面之后，你们的关系从此进入约会阶段。除了第一次是你暗示他来约你，以后你就可以主动约他了，比如第二次可以是为了答谢第一次他来救你场。主动出击在这个阶段非常重要，找各种理由约他出来，接触的时间越多，他被你诱惑的机会就越大，这就是层级内部的男性思维。很多女孩会纠结于“为什么要我去主动约他”，我只能说“搞明白你想要什么，有的阶段要靠技巧，有的阶段就要靠脸皮”。既然有过约会了，那么谁主动约谁并不改变你们当下的关系，而不改变关系意味着不会给对方增加风险。对你来说，增加的风险也只是一点儿面子问题，但却实打实地把你的竞争者给挤到后面去了。

接下来的重点是把约会关系升级为情侣关系，这时候还是要回到“9：1法则”，完完全全投怀送抱不是明智之举，会勾搭才既安全又刺激。比如，你可以在一次温情的散步之后说一句“今天好冷，觉得手脚冰凉”，或者“有点儿累了，真想靠一靠”，等这家伙凑上来的时候，就差不多完成勾引了。如果你觉得还需要点儿调料，可以再去引用一些言情小说里的段子。

如果大家觉得以上的操作听着还算靠谱，那么接下来我们就分析一下其中的原理。

首先理解为什么要把交往分级，因为人与人的关系意味着一定的权利和义务，而权利、义务对应着社交风险。在阶段内部，权利、义务相对稳定，而升级则引起权利、义务的变化，所以层内的主动不会让对方增大社交风险。而升级时则要通过勾引这个手法，“显得”对方给你也增加了社交风险，实际上则是相对降低了你给他增大的社交风险。

我们知道，自古以来都是男追女，用狩猎来做个比喻，男人寻寻觅觅，发现一头小鹿，举枪瞄准、射击、收工。而女追男这件事就如同小鹿主动想让猎人带它回家，所以如果小鹿直接往枪口上撞的话，那是一定会让正在瞄准的男人发蒙的。

我的一个男学员就遇到过这样的情况。一个关系不错的女孩某一天突然对他说：“你看我们认识这么久了，我对你印象也挺好，你想不想把我们的关系再发展一下？”男孩从来没想到女孩会主动向他表白，当时大脑就短路了，说：“啊？那你让我好好想一想啊。”等到几天之后，他终于明白过来并且打算接受的时候，女孩却觉得他没那么喜欢自己，结果这段恋情就此错过了。其实，这是女孩不了解男人，即使一个追女孩经验很多的男人，首次遭遇被追依然会表现得笨手笨脚。所以给女孩的建议是，或者在升级时不要那么直接，以免吓到对方（女性思维的勾引）；或者坚持到底不要半途而废（彻底的男性思维），但这显然不太容易做到。

所以聪明的小鹿会让自己经常地出现在男人的视野当中，这就是层级内部的主动——搭讪阶段的积极交谈、认识阶段的积极联系、约会阶段积极邀约，这些都不等于投怀送抱，因为只要把“每次升级时的10%”留给男人就可以避嫌了。

最后，再讲一个升级小技巧，你把那个需要他来解决的小难题描述得越具体，勾搭效果就越好。比如，在想让他牵手的那个关键时刻，说“好冷啊”就不如说“我感觉好冷啊”，说“我感觉好冷啊”就不如“我的手好冷啊”，说“我的手好冷啊”又不如说“我的手指尖好冷啊”……

如何识别女孩对你的兴趣

在搭讪的时候，如果跟你讲话时，女孩时不时撩一下头发，那么这是一个非常好的迹象，说明她已经不自觉地开始在意自己的仪表了。但通常只有帅哥搭讪者才有此待遇，像我这种靠内在美搭了快十年了也没遇到过对我撩头发的。直到这几年组织搭讪班，身为老师去观察别人搭讪，才发现人间还有如此美好的景象，而且后续追踪，基本上都顺利得一塌糊涂。不过请大家注意，只有被陌生男子用开门见山直抒来意的方式搭讪时，女孩撩头发才有此含义，因为人往往在应急状态下的反应才会流露真实信息。而平时生活中女孩子撩头发，男士则不必自作多情。

微信阶段，有三种程度的兴趣指标。

低度兴趣：你问什么，她答什么。

你："做什么呢？"

她："在上课。"

中度兴趣：她跟你分享自己的心情。

你："做什么呢？"

她："在上课，困死了。"

高度兴趣：她还想知道你的状况。

你："做什么呢？"

她："在上课，困死了，你呢？"

接下来说约会阶段。

看她是否愿意陪着你。可以做这样一个测试，路过某个地方，告诉她你要办点儿事情，大约需要十分钟（比如去干洗店取衣服），问她愿意等还是陪你一起去。通常来说，对你有兴趣的女孩不会选择等你。

看她是否愿意一起散步。比如，一起去吃饭，一家是近一些的餐厅，可以走着过去；另一家是远一些的餐厅，必须坐车过去，看她想去哪儿。对你有兴趣的女孩会选择去近一些的餐厅。同理，吃完饭之后，不急于结束约会也不想再去娱乐消费，但还愿意跟你散步聊天的女孩往往是意思最大的。

说白了，“喜欢你”就是“喜欢跟你在一起”，而“对你有兴趣”跟“对你安排的约会有兴趣”是有区别的。在女孩对我们还不够了解的时候，固然需要通过安排有趣的约会来争取见面机会，但是别忘了，最终还是要看女孩对我们自身是否有兴趣。

接下来说说面对面的聊天。

约会时，如果一方说得很多，另一方听得积极，那么通常就是听话方在被说话方吸引。这个阶段，女孩认真地听你讲话是一个非常重要的好感指标，哪怕你讲的是鸡毛蒜皮的琐事，她也听得津津有味并且有提问、有响应，这才说明她对你是有兴趣的。反过来也同样成立，这正是我们在自己喜欢的女孩面前的表现。

值得注意的是，约会初期女孩话多只代表对你有一定信任，但如果一直保持这个状态并且她从不关注你的情况，就说明你可能被当作垃圾桶了。完美的约会交流应该是双向的，彼此都认真地听对方的谈话并且有积极的回应。所以，当约会到了一定阶段，我们一定要聊一些关于自己的话题，这样你才能从对方的反应看出她对你这个人有多少兴趣。在男追女的过程中，我们由于求成心切，往往忽视这些简单的道理，一味迎合需求，忙于制造好感，而疏于判断对方对你的兴趣状态。

另外强调一点，提问并不一定就是兴趣指标。有些比较现实的女孩子会这样问：“你是哪里人？做什么工作……”那可完全跟兴趣无关，人家只是在做前期筛选。这时候我们要认清什么是“物质女孩”。女性对男人有物质要求是很正常的，多数女人会通过男人的细节来判断他够不够条件，这都属于委婉含蓄的“女人的方式”。而“物质女孩”往往是赤裸直接的，她们采用的是“男人的方式”。从进化论上来看，女人只有在处于不安全境地的时候，才会像个男人一样去面对世界。所以，我们不喜欢“物质女孩”，其实是不喜欢没有安全感的女人。

所以，就如同男人应该像个男人去说话、做事一样，当女人像个女人的时候，对我们来说才是可爱的，而处于没安全感中的女人往往会像男人一样思维行事。比如，“你是做什么工作的”和“你工作时都做什么”，作为男人，当然更愿意选择后一种说话方式的女人。因为前者关注的是社会角色（这是男性思维方式，就像我们小时候喜欢英雄排座次），而后者关注的是你的状态（这才充满女人味道），也就是对你有兴趣。

魔鬼约会学跟其他流派最大的区别就在于注重观察对方的状态。因为培养出的好感往往是有限的，而发掘出的好感却常常充满惊喜。在短暂的人生之中，总有一些懂得欣赏我们的人会擦肩而过，不去错过才是我们最大的幸福。

约会绝招：九小时效应

在追求女孩的过程中，偶尔会遇到女孩需要你帮忙的时候，在这里我给大家讲讲自己的心得。

首先从内心出发，既然对方是自己喜欢的人，那么帮忙当然是应该的；然后再从效果考虑，帮忙能为你追求她带来什么。

让她欠你个人情吗？这在追求的关系中不但没有用，反而会是累赘。显示你本事大吗？那也不一定，比如搬家这种事情，纯体力活儿，跟本事无关。让她知道你喜欢她吗？关于这一点，帮忙一般不会再加分，没帮忙倒可能会被扣分。

其实在我看来，帮忙最重要的好处就是能够大大增加你和她单独相处的机会。

这里讲讲单独相处。在我的约会经验中发现这样一个现象，我称为“九小时效应”，意思就是当两个人连续单独相处九个小时以上时，彼此之间的心理距离会突然大大拉近。大家都知道，一次普通约会的平均时间为三个小时，在这段时间内，约会的双方都尽力保持着自己最好的一面，但副作用就是不够放松，不能真正进入状态。当相处时间到了五个小时的时候，人会开始松懈，而超过九个小时，本性基本就开始暴露了。当然，九小时效应的前提是她愿意跟你待九个小时，你要是太无趣的话人家也就走了，所以这个经验只对那些能够顺利相处的男女如何快速进入下一阶段有用。

在正常的生活状态中，男女关系的推进效率往往是很低的。因为大家平时都要上班、上学，一天的工作结束时往往就已经傍晚了。6点半见上面，吃个饭聊会儿天，就快10点了，气氛还没热起来，约会就差不多要结束了，然后下次还要从头再来。这就是生活中无奈的低效率重复。即使换个乐观的角度设想，把九个小时分成三次见，每次三个小时，最后也积累出了好感，但你要知道，在如今这个快节奏的社会，能连续见三次面不是件容易的事。

所以，大投入、大产出是一个不错的约会策略，这跟吃一顿600元的烛光晚餐胜过吃三顿200元的鸳鸯火锅是同一道理，一个是金钱上的大手笔，一个是时间上的大手笔。富人穷人，各显其能。

其实在约会中，很多人都在无意识地进行时间上的大投入，去夜店就是一种。熬到凌晨12点甚至更晚，可以有五至七个小时的时间跨度，再加上酒精和音乐的效果，一下子会把关系拉近许多，但遗憾的是很多生活习惯健康的女孩不这么玩。再有，郊游也是不错的选择，而且时间跨度更大，但问题是二人关系没有到足够熟悉的地步，女孩不会接受这样的邀请。

所以认真算下来，帮忙是最有可能在彼此还不太熟悉时，让你们能有长时间单独相处机会的事情。

我们以修电脑为例，聪明人是如何修电脑的呢？首先告诉女孩，修电脑很复杂，时间不好估算，自己平时也很忙，所以最好找个周末的下午，时间充裕一次搞定。到周六时，告诉女孩自己上午要加班，下了班就去找她，等到见了面再主动请女孩吃午饭，尽显一下男士风度。午饭优雅地吃上两个小时其实很正常。吃完之后找一家咖啡厅（如果是台式机，去她家更好），然后就边修边聊，边聊边修，格式化时谈童年，装驱动时谈人生，下更新时谈理想，仔细修慢慢修，欲修还羞，欲羞还修，修它三四个小时。等晚上7点时任务圆满完成，女孩能忍心让你走吗？再说午饭还是你请的呢，所以这时她基本上是要提出请你吃晚饭的，你就大方地答应下来吧。而且一定要允许让她请，要给女孩这个面子。当然，真等吃完晚餐，根据心情和气氛你再抢过账单也未尝不可。晚饭吃完一般也就快10点了，九小时效应开始体现。这么一天耗下来，感觉像一起过了小半辈子似的，只要你没干特别差劲的事、没说特别差劲的话，女孩对你的安全感、熟悉感、亲近感都会大幅度增加。时机合适，你甚至可以来个真心大胆小表白，一手拉住她，一手指着自己的脑袋对她说：“现在请你也帮忙修修我的电脑吧，最近它一显示你的头像就会死机……”

另外再补充一句，千万不要在女孩向你求助时说什么“帮忙可以，但要请我吃饭”这种自作聪明的话，我代表广大妇女告诉大家，这话非但一点儿都不幽默，而且特别特别没意思，真的。

最后再教大家一招儿，根据九小时效应，即使在没有帮忙的时候，跟女孩约会也可以从午饭开始，因为说不准有哪些意外情况就会延长你们相处的时间。比如，本来女孩打算吃完午饭就去找朋友逛街的，但快吃完的时候朋友突然有事不去了，你就顺理成章陪她再喝个咖啡看个电影什么的，耗到下午五六点的时候，路上到处堵车，地铁里全都是人，她其实也没地方可去，晚饭你们就只能又一起吃了。这种情况下一起吃饭的性质就不是约会而更像过日子了，因为你们已经不是谁在邀约谁，而是一种被命运和缘分安排在一处同甘共苦的平等感觉，所以气氛往往也会更加自然、更加生活化。晚饭过后，九小时效应开始发挥作用，一鼓作气的你再散个步、拉个手、表个白什么的，就算女孩还没有准备好接受你，那么至少也不会因此而怪罪你。因为这么一天耗下来，谁都会理解此刻是人性冲动的一次自然流露，男人有，女人说不定也有呢。

当女孩向你求助时

这是几年前刚开设搭讪班时的一个故事，那时候我不教约会只教搭讪，学员要到女孩的电话以后都是自由发挥，偶尔会向我征求意见。

有一天晚上 11 点多，学员龙舞突然打电话说遇到了麻烦。龙舞已经工作有几年了，不久前搭讪认识了一个大四的女孩，事发当晚是他们第一次约会，一起去看的话剧。演出结束之后，龙舞觉得两人回家的方向不一致，从效率的角度出发，他直接把女孩领到了公共汽车站，告诉女孩坐几路到哪儿下，再转几路到哪儿下，然后就到学校了。

告别之后，龙舞自己也回去了，刚进家门就接到女孩电话。女孩说自己下车之后就迷路了，找不到要换乘的车站，正迷失在陌生的街头。就是在这样关键的时刻，龙舞同学不慌不忙地询问了女孩的位置，然后镇定地告诉女孩先向哪儿拐，再向哪儿拐，最后就能找到换乘车站了，说完之后还不放心，又关怀了一句："实在找不到的话，就自己打车回去吧。"

挂了电话之后，龙舞开始看电视，过了一个小时也没有女孩的动静。他给女孩打电话，没人接听，发信息问怎么样，女孩回"到学校了"。龙舞继续表达关心，女孩不再理他，这时他才意识到出了问题，于是电话向我求助。

听完陈述之后，我问龙舞："你喜欢这女孩吗？是怎么打算的？"龙舞恳切地说："算是比较喜欢的，希望能发展成女朋友。"我又问："那为啥不送她回去？"龙舞答："不顺路啊。"我当时差点被噎死，一看时间也不早了，于是对龙舞说："你这基本上属于不可挽回了，先不要再联系她了，省得再犯错误。"

但是，急切的龙舞同学并没听我的建议，第二天中午又给女孩发了条信息："昨天的事情非常抱歉，今天一早我给你买了张北京地图，以后你再也不会迷路了。"女孩回复："谢谢，不用了。"自此以后，再也没理过龙舞的任何信息和电话。

这是我第一次意识到那些没有经验的男人到底需要什么样的学习。一方面，在网络上他们沉湎于云山雾罩的技巧，另一方面，在生活里他们被秒杀在简单低级的错误之中。

比如这个案例，在那个还在读书的女孩眼里，已经工作了的龙舞显然应该是个可以依靠和信任的对象。两人一同外出，龙舞本该多多照顾她才对，让女孩大晚上自己坐公交车回去已经是一次疏忽，但遇到个别吃苦耐劳的女孩或许还会理解这是勤俭节约，可等女孩因为迷路而电话求助的时候，就绝不该不管了。

但是，许多男人会认为："我不是告诉她该怎么回家了吗？"话说到这里，就又扯回那个男性思维和女性思维的老话题了。

男性思维看重事件在客观世界的位置，女性思维关心事件在彼此关系的位置。对于此案例，男人想到的是迷路的女人与这个城市的关系，而女人想到的则是迷路的自己与这个男人之间的关系。

所以男性思维的做法就是像龙舞那样，给女孩画一张地图，或者让女孩自己打车回家，这的确是最快的解决迷路的办法，但女孩此刻需要的不是"马上脱离迷路状态"（回到家里），而是"马上脱离自己面对问题的状态"（你来陪我）。因此只要龙舞回一句："你待在那里等着，我马上打车过去。"这样一切都OK了，甚至还能借机拉近两人的关系。在这种情况下，哪怕让她在街上等半个小时都没关系，因为等待是不需要操心的。

但是，在女孩需要你的时候让她发现不能依赖你，绝对是自找死路的捷径之一。

至于错误已经发生了，该如何处理？（注意，叫处理，不叫挽回！）鉴于龙舞和女孩目前还不是男女朋友，所以直接道歉并不合适。唯一可以做的就是耐心等待一段时间（一两周），然后再去找女孩，并且不要旧事重提。如果女孩还愿意跟你继续交往，危机就算是过去了；如果女孩不愿意跟你见面，你要么继续等待，要么就放弃算了。假设龙舞和女孩已经是男女朋友关系，送地图也是个极其糟糕的道歉方式，因为完全没有情感交流，这是在解决交通问题呢。可话说你连女孩心里的路都不认识，买张北京地图有什么用啊……

再讲一个例子，据说是用来检验男人是否懂女孩心思的有效方法。

女孩：“好难受，好像发烧了。”

男孩：“发烧了？小可怜，发烧还上班，要不要我去接你……”——这是懂女孩儿的。

还有个不懂女孩的回复：“多喝点儿水！”

“每次听见这句话不知道为什么都很上火！”——女孩的心声。

综合这两个例子，可以得出一个傻瓜操作模式 当女孩向你求助或是抱怨时，最好的慰藉方式就是把你自己放入那个困境陪她共同面对。至少，你应该这么说出来。

追女孩的常见谬误

情景一

学员：我跟女孩吃过一次饭，但之后不太有兴趣继续联系了，我该怎么办？

我：如果是她不想联系你，你会怎样？是独自难过，是继续努力追求，还是再去约会别的女孩？

学员：我应该不会独自难过吧，如果特别喜欢她的话我可能会继续努力，否则就会再去交往别的女孩了。

我：那么现在反过来，如果是你不理她了，你希望她怎样？是独自难过，是努力追你，还是再去跟别的男孩约会？

学员说：我当然最希望她跟别的男孩去约会，最不希望她独自难过，不过如果她努力追我，可能我会比较感动，甚至还有一些虚荣心的满足，但也只是享受被追的感觉和过程而已，对真正跟她在一起应该不会特别愿意。

我：那如果她坚持追求你，你觉得什么情况下会接受她？

学员：或者是被感动，或者是自己的状态恰好无聊吧。

我：那你觉得这个时刻的到来会由追求你的人控制掌握吗？

学员：当然不会了。

我：那反过来如果是你在追求她，你的想法又是什么呢？

学员：我可能会觉得是她还不够了解我，我要加紧努力制造机会，让她多多了解我，早日接受我。

我：那么再反回去，如果追求你的女孩也是这么想——要努力让你多多了解她、早日接受她，你会怎么想？

学员：我觉得我对她的现有了解已经让我对她没兴趣了，所以我也不想再去继续了解她。

我：所以在这里你使用了双重标准。

学员：好像是啊……

我：那如果她还要学习一些技巧对付你，利用人性的弱点给你制造情绪波动，让你最后竟然对她又有兴趣了，你会怎么想？

学员：这对我应该没用吧，而且我可能会因此讨厌她。

我：那你会在追求女孩的过程中使用这些技巧吗？

学员：或许会吧……

我：为什么？

学员：这个……可能、或者、也许我觉得自己比她们聪明，我能把技巧使用得比她们好；也许恰好她们不知道这些技巧而我知道，因为技巧是这个世界上一些聪明人研究出来的成果，谁先掌握谁占便宜。

我：所以，虽然你直觉认为女人对你使用技巧的意义不大，但你还是有可能会在追求女人的过程中使用技巧，因为你认为自己比女人聪明或者比女人机会好？

学员：是的吧（害羞地）……不过现在再多思考一下，我觉得公平些说，她们使用技巧我可能也会上钩吧，只是跟这样的女人在一起感觉太可怕了。

我：感觉可怕是基于你发现了女人使用技巧，但是如果你一直没有发现呢？

学员：那倒也没什么了。

我：所以，如果你使用技巧追到了女孩，而女孩又永远不知道这一点的话，那么她自己其实是无所谓的。

学员：是的。

我：但是你自己的感觉又会如何呢？

学员：那要看我对她的目的了，如果是为了生理上的快感的话，那我应该也无所谓；如果是为了心理上的征服感的话，那我甚至会开心；但如果是恋爱的话，那肯定是会有遗憾的，因为她并没有接受过真正的我。

我：能详细解释一下吗？

学员：生理快感对男人来说本来就不需要带感情的；征服感往往源于一些负面情感，比如曾经在女人那里有过挫败以及由此产生的报复欲；而恋爱基于正面情感，彼此的相互欣赏以及理解认同。

我：嗯，你说到了一个更深入的话题，我们下次再聊。

情景二

学员：上次我们聊到了一个“双重标准”的问题，之后我发现自己虽然能意识到，但依旧很难克服。比如，我喜欢的女孩对我不感兴趣，虽然理性告诉我坚持的成功率并不高，但感性上还是不想放弃。

我：曾经有过这样一个科学实验，让一群男女在约会之后，分别给这次约会的满意度打分，结果男性给出的平均分值远远高于女性。这个实验说明男人比女人更高估自己的性魅力。

学员：哦，为什么男人天生都这么自以为是？

我：这种自以为是的本能有进化学上的意义，因为两性的择偶模式是男人主动、女人被动，所以高估自己性魅力的男人在两性关系中更倾向于采取积极的行动，因而这种基因也就获得了更多的延续机会。

学员：这么说我还就不能轻易放弃了？

我：嗯，在选择很少的情况下，放弃是对繁衍无益的。我们不妨这样想象，在人类漫长的部落生活中，一个普通男人一生中能接触到的适龄女子估计也就十几人，即使到了文明社会，这个数量也就是变成几十人而已。面对有限的可以追求的对象，男人闲着也是闲着，所以为什么不去坚持呢？

学员：可老师你又告诉我们坚持的成功率其实很低……

我：所以我们要让自己有更多的被选择机会，这在如今恰好是可能的。

学员：你是说搭讪？

我：对。假设你到了一个陌生的地方，想当晚就能有个约会，那么最有可能实现愿望的方式就是搭讪。

学员：那对男人的外形是不是要有相当要求啊？

我：其实外形太差的人在任何交友方式中都是不灵的，搭讪只不过让失败体现得比较明显和直接而已。但搭讪并不需要你帅得像明星，只要干净利落就具备了入门的基本可能，自信和谈吐更为重要。运气成分在具体对象那里是存在的，但在整体对象面前，这几乎是稳赚不赔的买卖。用“买卖”这个词可能不太合适，我的意思是，作为一个资深搭讪者，如果他愿意的话，在大街上晃悠半天，一定是可以找到一个还不错的女孩即时约会的，这比泡夜店、上交友网站要迅捷得多、经济得多，效果也满意得多。大家都知道，交友网站有“见光死”的问题，其实夜店也有，只不过夜店经常连“见光”的机会都等不到，你自己就先“死”了。

学员：老师的意思就是通过搭讪认识大量的女孩，然后找到适合自己的那个。那么坚持是否还有必要呢？

我：坚持有两种，一种是短时间高频率的坚持，一种是长时间低频率的坚持。男人在选择范围小的时候容易采取第一种坚持，但实践证明，机会多的男人再结合第二种坚持效果是最好的。

学员：听你这么讲，搭讪似乎更像是一种新的择偶策略……

我：是这样的，既然女人可以同时接受很多男人的追求然后去做选择，那么为什么男人不可以同时追求很多女人然后等待被选择呢？这样的结果其实对双方都更好。

学员：那为什么以前没人这么做？

我：以前也有人这么做，不过是那些有社交圈的少数人。搭讪把这种机会放在了每个人面前，这其中有观念上的改变也有技术上的进步，比如如果没有手机这种东西，茫茫人海中两个擦肩而过的人就很难继续联系了。

学员：为什么长时间低频率的坚持比短时间高频率的坚持更好？

我：因为你追求的人拒绝你，有一部分原因不在你自身而在她自己的状态，时间长就可以让对方的状态有更多发生变化的可能，而高频率的邀约和拒绝则会增加双方的社交压力。当然，更为重要的一点，感动本身就是个“日久见真情”的事情，所以，短时间高频率的坚持只是男性的原始本能，要让异性接受你，更要考虑到对方的反应。

学员：可我在报纸和书籍中经常也看到，说某某男士狂追某某女士，鲜花炮弹狂轰滥炸，几天就拿下什么的。

我：你有没有留心到，那种故事里的男人都是具有很高社会价值的，你我普通男人这么玩就不灵。

学员：这是为什么？

我：这关系到一个吸引和沟通的话题，我们下次再聊。

情景三

学员：周四我给个女孩发信息，约周末出来，女孩回“周五有事，再说吧”。这种情况算是拒绝吗？

我：算。

学员：周五或周末还用再发一次邀约吗？

我：不用。

学员：我不太理解，我约的是周末，她却说周五有事，有没有可能还有机会见面？

我：周几有事不是关键，关键是“再说吧”那个态度，想跟你见面的女孩会使用“到时候再电话联系”之类更具体的语言。

学员：那她要拒绝的话为什么不干脆点儿，直接说不方便不就完了？

我：可是她没有义务要“干脆点儿”拒绝你啊，“干脆点儿”

从来不是社交礼仪，只不过给你这个追求者判断进退带来方便而已。你这是将自己的“愿望”变成“常理”套用在别人的身上。

学员：可是还有一种说法，说“女人是不讲逻辑的，她们做事都跟着感觉走”，那么为什么我不能周末再去邀约呢？万一到那时她又突然想出去玩呢……

我：你这个观点倒很经典。确实女人的有些感觉是没有规律的，但并不是她们的全部感觉，尤其在她们讨厌的事情上，往往都很有规律。也许女人不知道自己究竟喜欢什么，但她们很清楚自己不喜欢什么。在你的案例中，虽然到了周末她有可能会突然想出去玩，但这种情况出现的概率也许只有10%，可是，隔三岔五追着问“今天要不要一起出去玩”的行为令她讨厌你的概率却会有90%。换句话说，我们对讨厌的事物远远比对喜欢的事物更有规律，反之，在对待别人时也同样成立——我们很难确保通过做一些事情让别人喜欢自己，却很容易通过做一些事情让别人讨厌自己。所以，魔鬼约会学的精髓就是不犯错原则，别让女人那么快就讨厌你，当别的男人犯错出局时，你的机会就大了。

情景四

学员：老师，看了你的那些教学案例分析我有些不同意见，我觉得在被女人拒绝的时候，男人都应该继续坚持，逼一逼女人，有时候她们就从了。

我：为什么呢？

学员：因为两性关系本来就是应该男人主导，女人喜欢强势的男人。面对拒绝的时候，“坚持”恰好可以表现男人强势的品质。

我：为什么你认为两性关系该由男人主导呢？

学员：因为自古以来就是这样啊。

我：你似乎讲到重点了，确实“自古以来”是这样。在过去的时代，女人离开男人是无法生存的，但是现代社会，女人可以读书上学找工作，没有男人，她们照样可以活得不错。说得再极端点儿，不结婚的话，需要后代时，女人还可以搞个试管婴儿，但男人行吗？你觉得是谁离不开谁呢？

学员：试管婴儿不还是需要咱们男人的精子吗？

我：这里所说的“离不开”，指的是“一对一”的关系。虽然精子是男人的，可是在现代社会，女人可以绕过具体的男人去机构直接购买，但至少到目前为止，男人还不能很方便地绕过具体的女人去机构购买。当然，我并不是在论证女人比男人更优越，我要说的是，现代社会，男人不再比女人具有优势。

学员：但是，你看那些富豪不照样……

我：我们这里讨论的男女关系是社会的整体。我承认在社会的顶层，目前依旧延续着男女不平等的现象，但是变化往往是自下而上的，虽然八卦杂志里的女明星还在嫁入豪门，但占人口的比例能有多大？你觉得广大女白领现在还渴望嫁给男白领吗？广大女村民现在还渴望嫁给男村民吗？在社会的底层和中层，男人对跟自己同一阶层的女人已经不再具有优势。至于那些还盯着跟自己同一阶层漂亮女人的男人，由于你的目标具备跟上一层男人交往的机会，你在她们面前甚至都是劣势的。这时候你在她们面前还牛什么呢，有种把房贷先交清再说……当然，我并不是说女人都是势利眼，我是在告诉你，追求跟自己同一阶层的女人，尤其是漂亮女人，平等和尊重才是最佳策略。

学员：但会不会有所谓的集体无意识，人在下意识里还是按照过去的行为模式思考，女人从心底还是希望男人强势一点？

我：我承认这种心理效应的存在，下意识的沉积会成为本能的一部分，女人会觉得强势的男人更性感一些，这就如同男人觉得温柔的女人更性感。但说到“性感”，男人是从交往之初就考虑这个要素，但多数女人都是在交往的后期才有心境关注这点。这是因为女人对性的体会需要有安全感为前提，而男人则不需要，甚至对男人来说，越危险、越刺激就越感兴趣。男人遇到女人，一上来就会用性去思考；而女人遇到男人，她们一般不会马上联想到性。所以，按照魔鬼约会学的逐层升级理论，追求女人，至少要到好朋友以上阶段，男人才可以逐渐表现他的强势。另外还是要记住一点，强势只是高安全感下的催情剂而已，多数时候交往还是平等尊重更稳妥。

学员：老师，我承认你说得很有道理，但是以我的个人经历而言，死缠烂打确实也成功不少啊。

我：你难道看不见这世上因为死缠烂打而失败的更多吗？

学员：这倒也是，不过，或许我这样的人适合死缠烂打？

我：科学地说，只有你再换几种其他风格去追求女孩，并且发现效果都明显不如死缠烂打，才可以下结论——“我这样的人适合死缠烂打”，但是我相信你并没有做过这样的对比。不过，倒是有不少男人在改变了死缠烂打的策略之后，追求女孩的成功率明显提高了。

学员：那我到底适合不适合死缠烂打呢？

我：我们目前只能说死缠烂打没有给你追求女孩带来麻烦，但也许这只是基于你尚且青春活力，尚且有份不错的工作……而我们这里所谈论的其实不是如何追到一个女孩，我们是在讨论如何与人沟通。所谓沟通能力，从某种意义上讲就是即使你只是一个普通人，即使你没有多么出色，但依然能跟外界保持良好关系的能力。你看动物世界的生存法则，狮王被取代时的下场是不是非常可悲？而人类恰恰由于拥有情感与交流的能力，才有可能在生命的晚年安享天伦之乐，这些都不取决于他曾经有多么强大。

学员：但是，女人就是喜欢强者呀……

我：同样是强者，也分尊重别人的强者和以自我为中心的强者。比如你去找工作，面对同样出色的老板，你是愿意跟随给你自由空间的老板还是一切都要听他安排的老板？

学员：我会选择给我自由空间的老板。但是，女人跟男人不同吧，也许她们就是喜欢被支配呢？

我：那可不可以这样说，如果你给自己选老板，你会选对你平等相待的老板，但如果你给女儿选老公，你会给她选强势的丈夫？

学员：不，我会让她自己选……

我：哦，看来你是个尊重女性意愿的人，那么如果她明确宣布“我不喜欢被男人支配呢”？

学员：女人有时候口是心非，不知道自己真正想要的是什么。

我：但你刚才还让她做决定呢。

学员：不，我要替她做决定！

我：现在你知道自己是什么样的男人了吧？

学员：什么样的？

我：穿越过来的……

老师就是这么被气死的

老师："这姑娘已经有点儿烦你了，先忍半个月别联系。"

学员："好的老师，听你的，可是马上就元旦了，我可以给她发个祝福吗？"

——老师就是这么被气死的之一

老师："这星期最多跟她联系两次。"

几天之后。

学员："老师，我周一给她打电话她接了，聊了十分钟；周二没联系；周三给她打电话她没接；周四给她发信息她没回；周五给她打电话她没接；周六给她发信息她没回。我这星期到现在为止还没有跟她第二次联系呢。"

——老师就是这么被气死的之二

老师："你把这条道歉信息发出之后，暂时就不要理她了，也别指望她立即就对你有什么反应，过一段时间再联系。"

第二天下午。

学员："老师，我今天上午把信息发出了，但到下午都没收到信息发送报告，所以我刚才又发了一条，问她是否收到我上午的信息。"

——老师就是这么被气死的之三

老师："你找个机会跟她开诚布公地谈谈吧。"

几天后。

学员："老师，我跟她说了，但她好像不想跟我谈。"

老师："你怎么说的？"

学员："我就按老师的原话对她说的——让我们开诚布公地谈谈吧……"

——老师就是这么被气死的之四

元旦前一天。

学员："老师，真的不用给她发个祝福吗？"

老师："上次说过了，不用！"

学员："可是以前每个节日我都发，现在突然不发，她会不会生气啊？”

老师：……&……&*……*%……

学员：“老师！老师！！你醒醒，你醒醒啊……”

——老师就是这么被气死的之五

吃相毁了一个帅哥

2008年那会儿我还只教搭讪。有个学员是我大学校友，做房地产的，身高一米八，长得白白净净，而且唱歌也不错，之前经常参加各种社团活动，遇到过几个喜欢的女孩，但一个都没追上。后来他觉得可能是交际面还不够广，于是就参加了搭讪培训班。很快他的收号率就上去了，通过搭讪又认识了不少不错的女孩，而且约出率也很高，但往往吃个饭就又没下文了。

我那时虽然不教约会，但他会经常跟我聊起自己的情况，我按照大致的经验判断，也找不到他后续不利的原因。

直到有一次搭讪活动结束后，我们面对面一起吃快餐。我突然发现这个学员的进食姿势非常独特。一般人吃饭都是身躯略微前倾，头略微前探，用勺或筷子把饭菜送到嘴里。但这位学员吃饭的样子着实让我吃了一惊，他是完全趴下来进食的，脸朝碗口，差不多快活埋进去了，天灵盖正对着我，左手鹰爪般掐住碗边，右手奋力舞动筷子，脑袋还同时跟着晃动几下，然后抬起头来一边咀嚼一边看我两眼，再低头继续……

终于我忍不住叫停了他。

我：“你平时就是这样吃饭的？”

他：“是呀，怎么了老师？”

我：“这样子不行啊，感觉跟吃饲料似的。”

他不好意思地笑了：“有这么严重……”

我：“我不敢说所有女孩都在意，但至少那些你看得上的、生活比较讲究的女孩一看你这样子，之前的好感会大打折扣。”

他：“这样啊，那我改……哦，对了，你们是怎么吃的呀？”

看来以前他从来没意识到这个问题。

后面的事情就比较简单了，这位学员很快采用了跟大家一样的吃饭姿势，不久之后也没再来参加搭讪活动，据说谈上了女朋友。

这个故事说明一个道理：书上的追女方法总结的都是大家应该做的事情，但真正阻碍你追女孩的却可能是一个很个人的问题。换句话说，你把大家该做的九十九件事都做得很好，却有一个别人都没有的毛病，这个毛病太白痴，以至于专家都不会写进书里，但结果你就被坑死在这一个地方了。

我在后来的培训经历中，又遇到了很多类似的例子。这让我意识到，面对面的教学不仅是把知识灌输给学员，更重要的是发现每个学员自身的问题，这个问题可能很简单，但正因为简单，所以常常被自己忽略且不在意。而女人虽然在意，但她们又不会告诉你，只会微笑着说："谢谢你的晚餐，电话联系啊，拜拜！"然后，就永远没有然后了……

快速找到意中人的学问

魔鬼约会学关注的首先是策略，其次是方法，再次才是技巧。

方法是多数人的现行法则，遵从了方法你不会掉队；技巧是执行规则时的精雕细琢；而策略则是那些超越规则却又不跟规则冲突的行为。

搭讪陌生女孩这件事，大多数人遵从的方法就是建立交集，比如我恰好听见这女孩跟我是大学校友，于是过去对她说："你是 ××× 学校的吧？我也是。"技巧则是把这个过程表达得更加自然，我会假装说："请问去 ××× 学校怎么走，好久没回母校竟然迷路了。"而直接开场搭讪法的"我想认识你"其实就是一种策略，因为大多数人都不会这么做，但这么做又并不让女孩讨厌，所以这种做法给我们认识陌生女孩带来了极大收益。但假如有一天所有人张嘴都是"我想认识你"，那就肯定没现在这么好用了。

话说那句“我们好像在哪儿见过”就是先例，其实从理论上讲，这个开场白相当不错（过去时 + 下切 + 制造联系），但也许就是因为被使用得太多了，所以现在它是最烂的搭讪开场白。

大多数超越于规则之上的行为都会跟规则冲突，因此选择策略是一件慎重的事情，比如“打压”就是个不好的策略。策略带来的是效率（比如你搭讪十个女孩可以得到五个女孩的电话，只需要一天时间）；方法保证成功率（你接触十个女孩可以得到八个女孩的电话，但也许需要参加很多聚会活动）；技巧是把不可能的变成可能的（你处心积虑地把另外两个女孩的电话也要到了，但这不仅需要花更多的时间，而且还需要灵感）。

做股票的人有这样一个经验，最难克服的是心魔。如果一个人能在涨得差不多时就卖，跌得差不多时就抛，那么长期做下来他一定会赚钱。但是实际操作中，几乎没人能做到这一点，因为诱惑太多又太大。

追女孩这件事跟炒股很像，遇到自己特别喜欢的对象，或者已然牵手搂腰眼看下一步就要成功，美好的前景就摆在眼前，很多人都会不计成本地追加投入以期马上得到这一切，但恰恰在这个阶段就不知不觉被套牢了。下面我们不妨从投资的角度来审视男人的追求行为，按男女交往五阶段理论，把每个阶段的付出跟回报进行对比。

执行魔鬼消极搭讪法，哪怕只有 20% 的搭讪成功率（实际上成功率通常为 20% ~ 50%），那么在搭讪阶段，我们绝对就是赚的，因为我们用很少的付出就得到了喜欢的姑娘的联系方式。接着用三三法则（也就是发十几条信息）把女孩约出来，我们也是赚的，并且我们很确定要见的是自己喜欢的姑娘，这比大多数男人为得到同样一个约会付出的成本低得多。

接下来我们继续探讨跟姑娘身体接触的机会。一般来说，第一次约会不要 K（K：KINO，即牵手、搂腰直至亲吻的身体接触行为，通常的作用是为了升级关系，相当于通过身体语言进行的表白），避免被姑娘当成轻浮的男人；第二次约会，如果她对你有强烈关注就可以 K；如果第二次约会女孩对你没关注甚至她自己说的话也不多，但还会跟你频繁见面（三个星期内见三次或更多），那么到了第三次约会也可以 K。由此看来，我们只需两三次约会就可以跟自己喜欢的姑娘有身体接触，同时至少不会让自己出局、降级，也不会让姑娘讨厌你（一定要满足以上所说的条件，否则就是耍流氓），那么这个阶段我们还是赚的。结论：只要不让双方关系降级，那么越早 K 投入就越小，在其他变数都相同的情况下，约会风险就越低。

剩下最关键的时刻了，在 K 之后，也就是向情侣关系升级之后，如果女方没有明确接受，那么我们该怎么办，冷冻还是加热？具体该如何操作？这一直是困扰大家的问题。

接下来告诉大家一个最有效率的策略，也是我们综合大量案例得出的经验：镜像原则——保持跟女孩差不多的态度和热情，只需稍微主动一点即可。很多男士面对女人不置可否的态度时，总是一厢情愿地以为对方对自己的诚意没有信心，所以都会追加热情以期马上得到结果，但事实上我们根本无法确定女人为什么不能做出决定，这时候耐心等待才是最好的应对方法。

大伙儿有没有发现，能成的恋爱一般都省时省力省金钱，反之，越是费劲的目标最后越一无所获。

多年以前我跟朋友们玩比赛解智环（九连环）的游戏，面对一个个钥匙链大小纠缠在一起的智环，我突然冒出个念头："它们其实都是分开的，只不过看上去连在一起。如果已经是分开的，那么在充分的运动下，它们将会分得更开，就像气体一样遍布整个空间。"于是我找了一个空盒子，把智环放在里面不停摇动，结果不到半分钟所有智环就全部分开了，那天的比赛我是绝对的第一名。

回到今天，当我长期专注男女交往这件事情后，渐渐意识到了同样的规律：对于那些彼此合适的人，只要有正常交往的机会，他和她自然就会走到一起，不需要任何技巧，也不会有任何误会。但在现实生活中，适合自己的人跟不适合自己的人混杂在我们的周围，预支的情感常常让我们把有限的精力浪费在错误的对象身上，扰乱我们的心智，消耗我们的人生，而我们却还自以为是在为爱情克服艰难险阻。其实，我们只需要以正常的方式多接触不同的人，如果感觉不好就去交往下一个对象，这才是最有效率的策略。不要忘记我们原本的目的——找到那些能匹配自己的人，而不是去证明自己有多匹配。约会其实很简单，关键是要控制住自己的心魔。但是在爱情之路上，多数人并不是在寻找跟自己合适的另一半，他们只是在追逐自我情感的投射以及欲望的满足。

不要落入只强调吸引的陷阱

吸引了一个人是否就等于得到了他的喜欢呢？首先要看吸引是怎么被定义的。传统流派认为两性之间的吸引就是生存价值以及繁殖价值的交换，简单点儿说就是“郎财女貌”，但稍微细想就会发现这种诠释有些问题。我们以女貌为例，虽然漂亮女人会吸引男性，但一个粗俗的美女和一个优雅的美女相比，多数男人愿意跟后者恋爱，显然二者是有差异的。所以，我们认为：吸引≠喜欢，虽然粗俗的美女同样具备较高的繁殖价值。

在正常生活中，多数人更愿意追求恋爱或婚姻这类长期关系，那么除了吸引之外，优雅的美女比粗俗的美女还让男性多获得了什么呢？魔鬼约会学把这部分定义为“交流的可能性”，即“喜欢＝吸引＋交流”的可能性。为什么是“可能性”呢，因为有时候这只是想象中的存在，比如男性会认为跟白雪公主这样的美女交流一定美好，但其实谁也没真正试过。事实上，生活中几乎所有的一见钟情或者单相思都是建立在“想象中的交流”之上的，有时甚至都不需要对方有多么高的繁殖价值或生存价值，我们也会深深地喜欢上他。在我经手的恋爱急救中，求助者经常会承认，自己追求的女孩其实并不出众，但就是因为有过几次交往，自己便不知不觉义无反顾地爱上了对方。

用魔鬼约会学来理解这些现象，都可以认为是发生了想象中的美好交流。有时候，即使女孩跟我们没有交流或者只是无意说了几句平常话，但因为她的外形举止气质激发了我们的想象，我们就会一厢情愿地认为，如果跟这样的女孩在一起，一定会有美好的交流，这时我们的情感就会率先骚动，感觉自己已经爱上了她，真命天女症都是这么爆发的。接着男人便努力地开始追求，直到多次遭遇对方的拒绝和冷漠，这才发现真实的交流竟然如此不美好，最终才会放手。当然也有个别男性会始终坚持自己的想象，认为对方的拒绝只是命运对自己的考验，一旦精诚所至金石就为开，美好的生活将会就此在面前展开，于是悲剧就一直继续下去了。

在真实的生活中，价值选择并不是唯一的要素，很少有人会爱上电视里的明星，虽然按照繁殖和生存标准，他们的价值巨大，但正常人不会认为自己跟明星有交流的可能，所以也就不会陷入对明星的单相思。

认清了这些道理我们就应该明白，在追女孩的时候一味强调吸引是一个误区，因为女人甚至比男人还看重交流，虽然有钱有势男人的吸引力会大很多，但没有交流的关系就不是真正的恋情。女人从心底鄙视那些只会买单的暴发户，富有的绅士才是她们的梦中情人，而所谓绅士代表的就是善解人意以及良好交流的特质。当然有的流派会把交流也定义为吸引，但这就属于玩文字游戏了，因为它改变了约定俗成的词义。从严格意义上讲，交流是双向的，而吸引是单向的。一个有钱的男人，什么样的女人都会认为他是有钱男人；但一个口才好的男人，遇到谈不来的女人就不会认为他口才好，所以你不能认为有钱和会说都属于男人的吸引力。

然而，吸引和喜欢的概念经常被混淆，忽略了交流在两性关系中的重要性，导致的错误就是让追求者掉入吸引陷阱。在我做培训的这些年，屡屡看到这样的现象，那些误入歧途的男人在交往时不懂得情绪互动，一言一行总想着怎么去展示高价值、怎么去吸引对方。更为可笑的是，有些流派教那些在生存价值上还一无所有的小男孩装出成功男人的架势来吸引女孩，于是我们就会看到网络上流传着这样的桥段：

“我只有一分钟的时间，但我很想认识你……”（为什么会“只有一分钟”呢，因为他们觉得“我想认识你”没有制造吸引，所以要显得自己忙一点儿。当然还有人说时间限制是为了不给对方压力，但仔细想想这也说不通，一个连超过一分钟都不愿意与你相处的女孩又怎么会给你留下有效号码呢？更何况万一有的女孩愿意跟你即时约会，你不是自绝生路吗？所以说“时间限制”是个非常坑爹的技巧。）

“我最近有些忙，要不就请你吃饭了……”（为什么会“最近有些忙”呢，因为他们觉得“我想请你吃饭”没有制造吸引。）

“我正跟一个女孩在一起，但不知为什么，心里总是想起你……”（为什么会“跟其他女孩在一起”呢，因为他们觉得“我想你”没有制造吸引。）

这样做最大的害处就是破坏了良好交流的可能，魔鬼约会学一直都在强调真实自我，说到底就是为了提高交流的质量。真实自我最关键就是不说谎，我们没必要把自己的所有状态都呈现给对方，但至少应该不去伪装不存在的状态。因为在长期关系中，说谎会提高交流成本，所以是得不偿失的。

对于良好的交流，真实自然是其关键，而一味追求吸引恰恰与此背道而驰。我们不否认价值的吸引作用，但也要考虑吸引与交流的相互影响，有时候过分的吸引会影响交流，所以特别富有的男人不愿意女人只是因为金钱而接受自己，特别漂亮的女人也不愿意男人只是因为外貌而追求自己。反之，如果你原本没那么高的价值，却还想时时刻刻通过展示价值去吸引对方，那么就势必变成搔首弄姿。毕竟我们都是普通男人，搞对象找老婆不是在跟白马王子竞争白雪公主，硬件上大家的差别没多少，关键还是看是否相处得来，这些其实都是交流。

为什么交流在两情相悦中扮演这么重要的角色？因为只有感情才能超越利益成为长期关系的纽带，比如父母的养育之恩不仅仅是衣食住行的提供，更是陪伴孩子成长过程中点点滴滴的交流积累。人世间的大部分情谊（亲情、友情）都是先有行动后有结果，只有男女之情可以通过想象中的交流先行预支，这既产生了伟大爱情，同时也造就了诸多悲剧，但无论如何我们都不能否认，两性关系是不能通过简单的生物吸引所能解释的。这本来应该是个常识，但遗憾的是，在约会学发展之初，由于最先涉及这个领域的人都是西方的一些夜店玩家，对短期关系的兴趣让他们把两性关系简单表述为繁殖 + 生存，结果导致一些东方宅男在为脱离单身火坑而努力的同时又掉进了吸引陷阱。

交流不仅是聊天

我发现很多人其实还不明白什么是交流，更不懂得交流在男女交往中的意义，他们以为交流就是聊天，而聊天就是为了制造吸引，所以不说清楚什么是聊天和交流，这些人就永远跳不出吸引陷阱。

大部分男人所理解的聊天，就是制造吸引。这种聊天通常都是向对方提供有用或者有趣的内容，具有明确的目的性和功利性，我们称为男性思维的聊天。比如，一个女孩正打算申请出国留学，恰好你对这个过程很清楚，于是你们可以就这个话题滔滔不绝说上几个小时；再比如，你给女孩讲了一些精彩的笑话，逗得她哈哈大笑。这些都是在聊天，但都不是在交流。因为无论信息还是情绪，你都是在单向输出。

什么是交流呢？魔鬼约会学的定义是，不断交换彼此的状态

+感受，从而寻求共鸣的过程。交流是一种典型女性思维特征的行为，所以多数男性很难理解。这也是造成很多男人在自己喜欢的女人面前不知该说些什么的原因，因为目的性思维的男人会认为，一定要讲一些有助于她们喜欢自己的内容，或者表明自己优秀，或者解决对方的困难，或者把对方逗笑……所有这些都是由结果逆推手段的思维，传统流派基本上是建立在这个逻辑上的，所以他们很重视展示高价值。

可实际上，高价值展示形成的吸引只能促使对方选择自己，但只有交流才能导致真正的喜欢。因为人是有感情的动物，当我们与有共鸣的对象在一起时，我们才可以更充分地释放自己的情绪、情感。顺便再多说一句，释放自己的情绪远远比被愉悦情绪感染更重要（闹肚子跟吃美食哪个要紧？），所以没有女人会觉得喜剧演员是情圣，那些每天给女孩发笑话的男生，你真正成功取悦的对象只有运营商。

对于男人，他们关注的是想获取的目标；而对于女人，她们关注的就是自己的生活。换句话说，男人关注自己生活之外的事，而女人关注自己生活之内的事，这使得男人很难理解女人的兴趣，女人愿意诉说她们自己的生活，即使鸡毛蒜皮的琐事，她们也乐此不疲，而男人会觉得这简直无聊透顶。但是，上帝如此造人是有其道理的，因为只有这样的分工才有利于男人觅食、女人守家。因此，我们可以这样理解男性思维的聊天与女性思维的聊天的差别，前者是在告诉女人你能给她的生活带来什么，而后者则是陪着她谈论她想谈论的事情。如果你能够给她的生活带来实质的影响，那么前者的效果当然是无可匹敌的，但问题在于，在男女越来越平等的今天这不容易做到，并且即使做到了也很难提供持续性的话题，而后者的话题则完全没有限制，可以想说多少就说多少。所以，学会女性思维的交流，你就不会再为聊天不知说什么而发愁了。

男性思维的聊天确实可以制造吸引，而女性思维的聊天不会直接形成吸引，但良好的交流可以制造亲密感，为升级关系做铺垫。

在实践中我们发现，那些衣食无忧的女性，或者那些虽然在为生活奋斗但懂得享受当下的随性女子，往往愿意跟男性进行女性思维的交流；而那些时时刻刻希望有人帮她脱离苦海的女性确实更吃男性思维聊天这一套。所以，并不是所有的女性都适合交流，女人中也有一部分像男人一样奋勇向前的，但那些活在当下的女性往往更有女人味儿。我一直觉得，单纯靠高价值就能搞定的女人其实不过是具备女性器官的男人，而有过交流之后的女性才是真正意义上的女人。精神交流是选择理想伴侣的一个必要程序，你可以用高价值去吸引异性，但不能过于依赖。

从高价值说起

我刚办搭讪培训班时，学费还是每人两百元。有个周末来了个外地学员，我们约好在西单大悦城见。一见面我发现这学员蓬头垢面的，于是问他是不是刚下火车，学员说昨晚就到北京了，住的是三人一间的招待所，洗澡不太方便。

接下来他开始讲自己的经历，网上各类交友文章全都看过，他的计划就是访遍天下名师，成为一名真正的约会达人。

“我觉得对女人展示高价值很重要，比如我身上这件新买的上衣，三百元钱，魔老师，你觉得怎么样？”

我诧异地看着他那件崭新的老年夹克衫，如实地说：“也许在你们家乡还可以，但在这里真的不行。”

“可是我今天中午刚刚得到了一个女孩的电话号码，那姑娘怎么也有个 8 分吧。”

“8 分！在哪儿搭的？”我更诧异了。

“就在我住的招待所餐厅，我们坐对桌，我吃拉面，她也吃拉面，她职高毕业来北京找工作。我几个招式下来一下就把她镇住了，临走时是她主动向我要的电话号码。”

顿时我陷入了迷惑……

这些年来，每当听到高价值、框架、雄性领袖这些词语时，我后背都会禁不住生一层鸡皮疙瘩。我觉得男人的确应当有些自信，但也不应该这么自恋。

就像男人喜欢身材好的女人一样，很多女人也喜欢身材好的男人，但是她们却不是很喜欢健美运动员。具体点儿说，女人喜欢男人匀称的身躯以及结实的肌肉，但不喜欢那种夸张的大块头。原因是，女人觉得过分健美的男人太在意自己的形象了，但女人不愿意男人这么自恋，女人需要男人把目光放在她们身上，而不是凝视着镜子里自己的肱二头肌。自恋是女人的特权，我们可以欣赏女人梳妆打扮，但怎能自己对着镜子左顾右盼？

可能有人会辩解，高价值等这些理论只是通过自我催眠完成心理建设的一种手段。但从心理治疗的角度来看，这是治标不治本的方法。真正的自信应该是“因为存在本身而接纳自己”，这才是健康人格的基础。而“我是最好的，我比任何人都强”这种自我暗示只是在短期和局部有点儿作用，比如对于一个即将上场比赛的选手，但如果放在男女关系里甚至变成为人处世的观念，那么作为芸芸众生中的一员，失败和碰壁则是必然的。

严格点儿说，所谓生存价值或者高价值，是建立在社会阶层的对比之上的。一个小白领，跟老板站一起是低价值，跟无业青年站一起就是高价值，那是不以嘴皮子意志为转移的客观事实。我之所以不厌其烦地批判“高价值”等概念，恰恰是想表达在价值观上与这部分男人的根本分歧。魔鬼约会学的核心理念是，展示真实自我，不奢求世上所有的女人，不错过欣赏自己的女人。

不要每次发信息都邀约

有人说："既然是搭讪认识的，彼此开始也没什么可聊的，那就只能邀请了。"记住，这绝对是个错误。

当你搭讪认识一个社交价值分数比你高的女孩之后，通常她都会把你归入追求者的行列。而男女交往又是一门平衡的艺术，一边倒的关系很难构成真正的吸引。

所以，搭讪的后续可能比其他正常社交的后续要难，因为这个游戏是以不平等的关系开始的；另外，搭讪的后续也比其他正常社交的后续更刺激，因为这种状态更接近男女关系的实质。

实际操作中，搭讪后的联系中多犯任何一个错误，基本就会终结关系的可能性。所以，虽然很多朋友要到了电话号码，但后续成功率一直不高，这就是原因所在。

在众多错误当中，最常见的就是频繁地邀请。

根据我的经验，如果对方跟你在信息互动中没有表现出特别的情绪状态（比如高兴、对你有兴趣、跟你分享自己的心情），那么贸然发出邀请一般都会失败，而且还会强化你作为追求者的角色，进一步拉大不平等关系。

所以，如果有过有效交流的话，我建议在搭讪后三到七天再发第一次信息。有人担心这样会显得不真诚，我承认有这种因素存在，特此推荐一个技巧来平衡。你可以用“刚出差回来，还记得我吗？”或“一直在考试，你最近还好吗？”作为开头，这样从道理上你解释了长时间不联系的原因，但从感觉上，你低下的位置已经悄悄上升了一点儿。

反之，搭讪当天就发信息，真诚是足够了，但是别忘了，你追求她的色彩也更浓了。

女人，总是喜欢被关注而害怕被纠缠。所以，空白一段时间之后接到一条信息，多数女孩首先会为自己能在一个男人心中印象如此长久而暗暗喜悦。这种情况下，你陪她再闲聊几句然后见好就收，那么几次这样的信息之后，她就会把你的名字跟轻松愉悦的心情联系在一起。终有一天，你们的见面就会顺理成章。

反之，每次发信息都不忘邀请的人，其实是每次都在强化自己追求者的角色，久而久之，女孩看到手机上的来信人就会产生条件反射式的沉重感，于是，你离进黑名单也就不远了。

在你没机会展示更多的价值之前，把自己从追求者转化为她的倾慕者，这是建立平等的一个小技巧，也是你能做的为数不多的事情之一，只需要去克制自己就够了。

总结一下，正确的做法是隔三四次联系发一次邀请，而错误的则是只要联系就发出邀请（即使每次联系间隔很久也不好），因为只要你的名字出现在她的收件箱一次，你们的不平等关系就会被强化一次。

两性关系，开始时的不平等是自然界天经地义的安排，而女人最终要选择的就是有能力打破这种关系的男人。

女孩对邀约的常见回应

邀约女孩，她的回应不外乎三种：痛快答应、痛快拒绝以及不痛快的。

先说不痛快的。

例如，今天周二，你想约她周末见面，于是在几轮微信之后发出邀请："周末有空的话一起吃个饭？"而她的回复是——

A："现在不知道，周末再说吧。"

B："嗯，到时候再联系吧。"

分析

A：此刻没什么兴致，但不排除周末可能有兴致。

B：此刻有点儿兴致，但不保证周末还会有兴致。

对策

A：周末时先微信闲聊一下，比如，“这周过得好吗？”看看她的态度及情绪，如果她在状态的话，你就可以提见面的事，否则就只当作一次普通联系。

B：周末时先微信确认一下，比如，“今天有安排吗？”她如果回答“没安排”，基本就代表在等待你的约会了；如果她回答有一些安排，比如“今天要去机场接个朋友”，且绝口没提你们见面的事情，那你就别再追问“完事之后我们还见面吗”之类的傻问题了。

再说痛快的回应。

痛快拒绝：“我不习惯跟陌生人一起吃饭。”“我男朋友会不高兴。”“我最近没时间。”

遇到这种回应，你就也痛快接受现实，且接下来的几次联系都不要再提邀约的事情，好好聊天，一直到她对你有足够关注或情绪释放的时候才可以重新邀约。

痛快接受：“好啊，到时候联系。”（注意：少一个“再”字就不一样了。）

遇到这种回应，你可以在周五时发微信确认一下：“明天计划没变动吧？”基本上她都会说“没有”的，然后你就趁机敲定具体的时间和地点吧。记住，地点可以确定，时间要留有余地（一个小时内），因为周末的女人总要磨磨蹭蹭的。

再举三个例子。

例一，我帮一个学员约女孩，傍晚 6 点发第一条微信：“到家了吗？”女孩回：“刚到家，怎么了？”这是典型男性思维回应，所以马上邀约：“明天中午去找你一起吃饭吧。”女孩回：“好的。”就这么简单。但是，如果女孩回：“刚到家，累死了。”就是典型的女性思维，这时候你就不要太直接，应该先陪她婆婆妈妈聊一会儿，等状态上来了再邀约。

例二，许多男人都抱怨女人不能有话直说，比如邀约信息：“今晚一起去参加聚会吧。”

女孩的三种回复——

A：“我今晚要加班。”

B：“我们宿舍 11 点要关门。”

C：“我住在 ×××（一个离城区很远的地方）。”

有经验的人一眼就可以看出，回应 A 和 B 是婉拒，回应 C 则暗示你来提供解决方案。回应 A 和 B 都是未来时描述，属于男性思维，并且直接指向跟邀约的冲突，这是女人特有的说“不”的方式。回应 C 是纯粹的状态描述，属于女性思维，代表女孩对你有一定的安全感，而且完全回避了冲突，就算今晚不能赴约，她也想知道这个男人对自己会有多好。

顺便说一句，如果男性思维的女孩想跟你去约会，她们通常会这样说：“我们宿舍 11 点要关门，我能在关门前回来吗？”

例三，我的一个学员跟头天搭讪认识的女孩在次日下午发信息，来来回回十几条，气氛很好，女孩当时正在收拾房间。

于是学员邀约：“收拾完房间你打算做什么？

女孩：“你想怎么样呀？”

学员：“想跟你一起聊聊。”

女孩：“昨晚太累，今天不想出门了。”

“你想怎么样呀”属于男性思维，代表一定的不安全感，需要你给出明确的方案让她决定，比如“去你家附近找个咖啡厅坐坐”，这样也许不想走得太远的女孩就会答应了。再次提醒大家，面对女孩的男性思维状态，我们要立场坚定、方案明确，同时还要勇于冒险。

不要在重大节日约不熟的姑娘

一到圣诞、元旦、春节、情人节，我就想起我的一个经验：不要在重大节日约不熟的姑娘。

理由一，显得你太随便。

重要的节日应该跟重要的人一起过，这个“重要”指的是彼此有一定的了解，而不仅仅是因为好感。

理由二，显得你低价值。

在重大节日匆匆去约一个不熟的姑娘一起过，说明你没有自己的生活。

理由三，金钱上的浪费。

重大节日从来都是商家痛宰情侣的绝好时机，就连低档酒吧都敢推出高价双人套餐。所以，如果是跟与自己有感情的姑娘一起被宰，那咱也就认了；如果仅仅是为了与一个不熟的姑娘见个面，那么放在平常的日子里，也许三分之一的消费就可以了。

总之，重大节日临时抱佛脚去约一个不熟的姑娘，是一种高消费低价值的行为，搭讪者们要切记！

我反而喜欢一个人过，两部电影外加半打纯生，在自家的沙发上庆祝纯粹又美好的生活。

后记　魔鬼约会学的深意

遗憾的是我们的培训到目前为止都没有恰当的名称，说它是搭讪培训、约会培训、恋爱培训似乎都不太准确。我很难在几分钟之内让一个陌生人明白我是做什么的，基本上在大众眼里，我们就是教怎么追女孩的，当然这也归功于一部分不争气的同行，所以我早已接受了被误解的这个事实。

有人说这是提升男性魅力的课程，但男性魅力包含很多方面，比如勇敢、成熟、坚毅、负责……这些我们都不敢负责。所以从某种意义上讲，我们教的只是关于男人如何跟女性相处和交流的学问。通过相应的学习，可以让男人不会在自己喜欢的女人面前无话可说，可以让男人不会错过喜欢自己的女人，也可以让相爱的情侣不再有那么多的误会。

虽说我们培训的东西并不高深，但也不是几天就可以达到效果的。我们的学习周期一般为三个月，在这段时间里，除了学习必要的理论和方法，学员还要接触大量的案例，这些案例一部分是学员自己的，一部分是其他学员的，总之都是正在发生的事情。我们有一个内部QQ群，学员们每天都把自己跟女孩交往的情况及时分享，同时也得到老师的在线指导。这种教学方式对老师来说绝对是个考验，也使我们有别于那些只提供心灵鸡汤的情感专家。因为无论是指出学员的错误，还是告诉学员该怎么做，老师的所有预言很快都会得到来自女孩方面的反馈，并且这些过程都要展示在众学员眼前。所以，如果一个老师的指导被事实连续印证是错误的，那么他将很难得到学生的尊敬，哪怕他的理论再完美、他的故事再精彩。

后来我就不再只做短期培训了。短期培训可以教人搭讪，可以让你克服焦虑以及要到号码，但学习与异性的交流和相处，几天的时间肯定不行。因此，我们的课程除了两三天的线下部分，还有至少三个月的线上部分，线下课程的重要作用是让老师了解每个学员的情况，以便在接下来的长期培训中因材施教。

另外，我们这类培训很容易被当作成功学，我不否定成功学的意义，但提醒大家想清楚自己需要什么。很多教发财致富的成功学培训都收很高的价钱，但其实现场所讲的内容就算再精华，在这样一个盗版横行的社会也不会是绝世秘籍，大家愿意花高价去上课其实都是冲着两点：一、拓展人脉，寻求商机；二、感受现场，振作精神。所以成功学大师一般都特有气派，这样才能吸引来更多的中小老板，以便强化上面两点，但他们绝不会跟踪指导学员们如何一步一步经营自己的生意。反之，我们的培训提供不了拓展人脉和振奋精神的作用，但最擅长的恰恰就是后续服务。

我们的教学过程是细水长流的，同时也是生动有趣的，因为学员面对的都是自己喜欢的女孩，基本上能跟其中一个有发展，大家都会心满意足。但开始时总会因为犯各种错误而搞砸一大批对象，这恰恰也是学习进步的过程。每次犯错之后，都有老师及时指出问题所在，这就是案例教学的独特之处，人往往对发生在自己身上的成败对错体会更深。

虽然我们教的是男人追求女人，但有一点必须强调，那就是我们不可能把一个根本不喜欢自己的人变成喜欢自己的人，我们只能通过一套行之有效的方法去尽快判断出对方是否也喜欢自己，如果喜欢的话我们去跟她更深入地交往，如果不喜欢的话我们会选择离开换人。尽管日常中“怎么才能让她也喜欢我”是句再正常不过的话，但从绝对意义而言，谁也不应该左右别人的意志，哪怕是以爱的名义。我们的培训就建立在这样的理念之上，因为这一点的根本不同，我们有别于很多其他流派。

曾遇到一件让我感动的事情：一个参加培训的学员突然向我坦白，原来他已经结婚了，但跟妻子总是吵架，所以他冒出了离婚的念头，并且想通过学习搭讪多认识一些女孩，于是报名了培训。但在参加过我们的学习之后，他发现这里学到的不仅是搭讪，还有更多交流的知识以及女性的心理。现在，他意识到跟妻子的矛盾原来可以避免，他放弃了离婚的想法，决定继续好好经营家庭生活了。

在能够找到那个恰如其分的名称之前，我只能用这个故事来给我们的培训做个最终注释，这就是魔鬼搭讪 & 约会培训——不仅教你怎样得到女人，而且教你怎么跟女人相处。